U0361238

中欧前沿观点丛书

[新加坡] 李秀娟 —————

著

企业文化三问

为何要做？要如何做？该做什么？

THREE QUESTIONS FOR
CORPORATE CULTURE

WHY? HOW? WHAT?

上海交通大学出版社
SHANGHAI JIAO TONG UNIVERSITY PRESS

内容提要

回顾企业发展的历史，我们会发现，大部分经营良好的企业所采用的基本管理措施和方法相差无几，然而真正发展成百年企业的却是凤毛麟角。相比于普通公司，真正伟大的企业会采用一种本质上完全不同的思考方式来思考企业的问题，也就是这些公司有自己的经营理念，而这些经营理念往往来自企业创始人的价值观和创业初心。也正因为如此，它们才摆脱了唯利是图的短视行为。

本书从一位管理学教授的视角出发，选取世界上不同地区富有生命力的企业案例，对从企业创始人的创业初心到企业发展过程中的战略、组织、流程以及后代的培养等方面做了详细的阐述和分析，并对每个个案进行梳理、剖析、提炼和升华，展示了不同企业的创始人如何将个人价值融入公司的价值中，从不同方面演绎与诠释了世界著名企业文化的"原动力"故事。

本书为当下企业领导者们建设企业文化提供了指引方向，适合对企业管理、企业文化、领导力尤其是企业文化感兴趣的读者阅读。

图书在版编目（CIP）数据

企业文化三问：为何要做？要如何做？该做什么？
(新加坡) 李秀娟著. —上海：上海交通大学出版社，
2024.9（2025.3 重印）—（中欧前沿观点丛书）. —ISBN 978-7-313
-31492-5

Ⅰ. F272-05

中国国家版本馆 CIP 数据核字第 2024E524M6 号

企业文化三问——为何要做？要如何做？该做什么？
QIYE WENHUA SANWEN——WEIHEYAOZUO? YAORUHEZUO?
GAIZUOSHENME?

著　者：[新] 李秀娟

出版发行：上海交通大学出版社		地　址：上海市番禺路 951 号
邮政编码：200030		电　话：021-64071208
印　制：苏州市越洋印刷有限公司		经　销：全国新华书店
开　本：880mm×1230mm　1/32		印　张：9.875
字　数：164 千字		
版　次：2024 年 9 月第 1 版		印　次：2025 年 3 月第 2 次印刷
书　号：ISBN 978-7-313-31492-5		
定　价：89.00 元		

院长的话

　　中欧国际工商学院（以下简称"中欧"）是中国唯一一所由中国政府和欧盟联合创建的商学院，成立于 1994 年。背负着建成一所"不出国也能留学的商学院"的时代期许，中欧一直伴随着中国经济稳步迈向世界舞台中央的历史进程。30 年风雨兼程，中欧矢志不渝地追求学术和教学卓越。30 年来，我们从西方经典管理知识的引进者，逐渐成长为全球化时代中国管理知识的创造者和传播者，走出了一条独具特色的成功之路。中欧秉承"认真、创新、追求卓越"的校训，致力于培养兼具中国深度和全球广度、积极承担社会责任的商业领袖，被中国和欧盟的领导者分别誉为"众多优秀管理人士的摇篮"和"欧中成功合作的典范"，书写了中国管理教育的传奇。

　　中欧成立至今刚满 30 年，已成为一所亚洲领先、全球知名的商学院。尤其近几年来，中欧屡创佳绩：在英国《金融时报》全球百强榜单中，EMBA 连续 4 年位居第 2 位，MBA 连续 7 年位居亚洲第 1 位；卓越服务 EMBA 课程荣获 EFMD 课程认证体系认证，DBA 课程正式面世……在这些高质量课程的引导下，中欧同时承担了诸多社会责任，助力中国经济与管理学科发展：举办 IBLAC 会前论坛"全球商业领袖对话中国企业家"和"欧洲论坛"，持续搭建全球沟通对话的桥梁；发布首份《碳信息披露报告》，庄严做出 2050 年实现全范围碳中和的承诺，积极助力"双碳"目标的实现和全球绿色发展。

在这些成就背后，离不开中欧所拥有的世界一流的教授队伍和教学体系：120 位名师教授启迪智慧、博学善教，其中既有学术造诣深厚、上榜爱思唯尔"高被引学者"榜单的杰出学者，又有实战经验丰富的企业家和银行家，以及高瞻远瞩、见微知著的国际知名政治家。除了学术成就之外，中欧对高质量教学的追求也从未松懈：学院独创"实境教学法"，引导商业精英更好地将理论融入实践，做到经世致用、知行合一；开辟了中国与世界、ESG、AI 与企业管理和卓越服务四大跨学科研究领域，并拥有多个研究中心和智库，被视为解读全球环境下中国商业问题的权威；受上海市政府委托，中欧领衔创建了"中国工商管理国际案例库（ChinaCases. Org）"，已收录高质量中国主题案例 3 000 篇，被国内外知名商学院广泛采用。

从 2019 年起，中欧教授中的骨干力量倾力推出"中欧前沿观点丛书"，希望以简明易懂的形式让高端学术"飞入寻常百姓家"，至今已出版到第三辑。"三十而励，卓越无界"，我们希望这套丛书能够给予广大读者知识的启迪、实践的参照，以及观察经济社会的客观、专业的视角；也希望随着"中欧前沿观点丛书"的不断丰富，它能成为中欧知识宝库中一道亮丽的风景线，持续发挥深远的影响！

　　在中欧成立 30 周年之际，感谢为中欧作出巨大贡献的教授们，让我们继续携手共进，并肩前行，在中欧这片热土上成就更多企业与商业领袖，助力推进中国乃至世界经济的发展！

汪泓教授

中欧国际工商学院院长

杜道明（Dominique Turpin）教授

中欧国际工商学院院长（欧方）

2024 年 6 月 1 日

总　序

今年正值中欧国际工商学院成立 30 周年，汇集中欧教授学术与思想成果的"中欧前沿观点丛书"（第三辑）也如期与读者见面了。

对于中欧来说，"中欧前沿观点丛书"具有里程碑式的意义，它标志着中欧已从西方经典管理知识的引进者，逐渐转变为全球化时代中国管理知识的创造者和传播者。教授们以深厚的学术造诣，结合丰富的教学经验，深入浅出地剖析复杂的商业现象，提炼精辟的管理洞见，为读者提供既富理论高度又具实践指导意义的精彩内容。丛书前两辑面世后，因其对中国经济社会和管理问题客观、专业的观察视角和深度解读而受到了读者的广泛关注和欢迎。

中欧 120 多位教授来自全球 10 多个国家和地区，国际师资占比 2/3，他们博闻善教、扎根中国，将世界最前沿的管理思想与中国管理实践相融合。在英国《金融时报》的权威排名中，中欧师资队伍的国际化程度稳居全球前列。中欧的教授学术背景多元，研究领域广泛，学术实力强劲，在爱思唯尔中国高被引学者榜单中，中欧已连续 3 年在"工商管理"学科上榜人数排名第一。在学院的学术研究与实境研究双轮驱动的鼓励下，教授们用深厚的学术修养和与时俱进的实践经验不断结合国际前沿理论与中国情境，为全球管理知识宝库和中国管理实际贡献智慧。例如，学院打造"4＋2＋X"跨学科研究高地，挖掘跨学科研究优势；学院领衔建设的"中国工商管理国际案例库"（ChinaCases. Org）迄今已收录 3 000 篇以中国主题为主的教学案例，为全球商学院教学与管理实践助力。同时，中欧教授提交各类政策与建言，涵盖宏观经济、现金流管理、企业风险、领导力、新零售等众多领域，引发广泛关注，为中国乃至全球企业管理者提供决策支持。

中欧教授承担了大量的教学与研究工作，但遗憾的是，他们几乎无暇著书立说、推销自己，因此，绝大多数中欧教授都"养在深闺人未识"。这套"中欧前沿观点丛书"就意在弥补这个缺憾，让这些"隐士教授"走到更多人的面前，让不曾上过这些教授课程的读者领略一下他们的学识和风范，同时也让上过这些教授课程的学生与校友们重温一下曾经品尝过的思想佳肴；更重要的是，让中欧教授们的智慧与知识突破学术与课堂的限制，传播给更多关注中国经济成长、寻求商业智慧启示的读者朋友们。

今年正值中欧 30 周年校庆，又有近 10 本著作添入丛书书单。这些著作涵盖了战略、营销、人力资源、领导力、金融财务、服务管理等几乎所有管理领域的学科主题，并且每本书的内容都足够丰富和扎实，既能满足读者对相应主题的知识和信息需求，又深入浅出、通俗易懂。这些书虽由教授撰写，却都贴合当下，对现实有指导和实践意义，而非象牙塔中的空谈阔论；既总结了教授们的学术思考，又体现了他们的社会责任。聚沙成塔，汇流成河，我们也希望今后有更多的教授能够通过"中欧前沿观点丛书"这个平台分享思考成果，聚焦前沿话题，贡献前沿思想；也希望这套丛书继续成为中欧知识宝库中一道亮丽的风景线，为中国乃至世界的经济与商业进步奉献更多的中欧智慧！

以这套丛书，献礼中欧 30 周年！

主编

陈世敏

中欧国际工商学院会计学教授，

朱晓明会计学教席教授，副教务长及案例中心主任

李秀娟

中欧国际工商学院管理学教授，

米其林领导力和人力资源教席教授，副教务长（研究事务）

2024 年 6 月 5 日

目　录

中篇 要如何做？企业家精神到企业文化
——从"我"到"我们"的过程

下篇 该做什么? ——企业文化的卓越元素

引　言

为什么要写这本书?

　　五年的企业靠产品,十年的企业靠技术,百年的企业靠文化。自 2012 年起,我就开始关注中国的民营企业家群体,我对创业者的理念、创业动力和精神充满了兴趣。在过去的十年中,我采访了一系列企业家,并实地走访了他们的企业。在他们讲述企业故事、展现企业文化的过程中,总有那么一两句话打动我。比如,方太的创始人茅理翔和他的儿子茅忠群强调,方太是一家有使命的企业,是"为了亿万家庭的幸福",而且提出了"中学明道,西学优术,中西合璧,以道御术"的十六字方针来打造企业文化。玫琳凯则展现了一家外企如何在中国落地生根,如何为坚持创始人玫琳凯"丰富女性的人生"的信念而不断努力。我开始思考，这些话到底是真是假，是口号还是真实。我更好奇的是，他们如何在企业发展的过程中真正活出这些话的内涵。

回顾企业发展的历史，我们会发现，大部分经营良好的企业所采用的基本管理措施和方法相差无几。而同普通企业相比，真正伟大的企业会采用一种本质上完全不同的思考方式来思考自身的问题。这些公司拥有自己的指导思想或精神，这些指导思想或精神往往源于企业创始人的理念和影响。或许正因如此，它们能够摆脱唯利是图的短视行为。

拉里·E. 格雷纳（Larry E Greiner）[1] 的成长理论认为，企业的发展会经历五个阶段：创业、指导、授权、协调、合作。虽然企业在不同的发展阶段都有不同的战略重点、组织系统、管理风格和绩效管理体系等，但我们不可忽视贯穿始终的文化力量，因为企业文化对企业的长期经济表现会产生重大影响，企业文化的共识是企业长远发展的基石。

在企业发展的早期阶段，企业的创始人塑造了该企业的初始文化，这是企业发展早期最突出的文化特征，俗称"老板文化"，怎样的老板就会打造出怎样的文化氛围。企业创始人拥有独特的价值观和处世原则，以及特定的企业运作方式。创始人将个人的信念、价值观、基本假设和行为规范灌输给员工。这种灌输的方式并非仅仅依靠个人的领导魅力，更多的是创始人对认定的价值观坚定执行的毅力。随着企业获得进一步的成功，这些信念和价值观就会被视为理所当然，进而自然而然地形成企业的初始文化。在企业发展的早期阶段，文化是独特的能力及认同的来源，也是将企业组织凝聚在一起的胶水。这种初始文化会在实践中被反复检验。

通常情况下，在企业初创阶段，创始人会倾向于选择与自己有相同价值观和理念的员工，或者让新加入的员工适应现有的企业文化。在企业文化的形成和植入过程中，创始人和领导者的个人行为起着至关重要的作用，而创始人的"言行一致"是文化成型的决定性因素。创始人和领导者通过初级植入机制、次级结合及强化机制将自己的价值观和信念融入企业文化中[2]。初级植入机制包括：创始人的关注焦点，实施评价和控制的方式；领导者对关键事件和企业危机的反应；领导者在分配稀缺资源时的依据标准；领导者的榜样示范、教育及指导；在分配报酬和确立身份地位时的标准；招募、筛选、提拔和辞退员工时的标准；等等。次级结合及强化机制包括：企业的设计和管理结构、制度和程序、仪式和礼仪，企业内部空间的设计和装饰，与企业文化相关的人物和事件的故事，以及对企业价值观、哲学和信念的陈述方式，等等。

然而，在企业发展的早期阶段起作用的文化并非一直适用。有些企业在发展过程中往往会忘记初心。一旦企业文化的主要承载者离开，或者在企业发展阶段中，员工并不能得到强有力的文化传导，那么初始文化可能无法继续生存，进而导致企业震动和变革。如果企业持续取得成功，初始文化会伴随着企业不同发展阶段的驱动因素而缓慢演化。

企业在发展的中期阶段会出现开发出新的产品、组织架构垂直整合，以及地区扩张和并购合并等情况。这些事件会促使子文化的出现，使得原有的初始文化产生认同危机。如果领导者觉察到文化对外部环境适应不良，或者是内部群体对原始文化感到不适应，那么前期建立的次级结合和强化机制，也就是形成这些制度和流程的支持系统将变得异常重要。当企业文化急需改变的契机出现时，领导者需要借助一些力量让企业成员重新认识文化，使创始人的信念与企业发展所面临的环境相适应，不断巩固并强化那些支撑企业成功的文化元素，进而使企业文化的演化过程更加可控。

处于成熟期的企业被定义为至少完成两代职业经理人

的更迭。基于不同的工作职能、产品类型、市场或地域等因素，企业发展出多个部门体系，这些体系往往会发展出亚文化。领导人的交接班也使企业的文化假设从封闭转变为开放。群体成员能看到企业文化保留了过去的光荣传统，这可能会导致文化元素与创始人的个性特征相混淆。此外，亚文化的出现可能会带来一些与创始人的初始文化不一致的地方。在这种情况下，群体成员必须进行文化改变，这是必要且不可避免的，因为一成不变可能会限制创新。但是，并非所有的文化要素都应改变或必须改变。文化的改变是可以被管理的，企业可以通过系统更换主要的人事来实现文化的改变。因此，对于这些成熟的企业而言，如何保持初心，如何整合、融合或者至少让初心与时代或外部环境的变化相适应非常关键。如果"初心"文化缺乏灵魂，那么一旦涉及稀缺资源的分配时，很多管理者只会关注短期规划，并动员一切力量以实现其短期业绩目标。在他们看来，他们别无选择；他们的首要工作职责是取悦于今天的老板和股东，而不会主动思考长远发展的可持续性与企业的未来竞争力。

从企业发展阶段来看，从创始人"一个人"到"所有人"的文化，从前任到继任领导的文化传承，以及从一代到二代的文化演变过程中，企业文化都会面临种种挑战。

那么，企业到底如何才能活出"一句话"，如何让它不断传扬？这是一个值得思考和探究的问题。

什么是企业家精神？

企业、企业家、企业家精神这些词汇都来源于法语。企业是一种有形的经济组织；企业家是可见的、具体的人，其法语原意是"敢于承担一切风险和责任、开创并领导一项事业的人"；企业家精神则是一种无形的要素，通过企业家领导企业具体活动中的表现而体现出来。企业家和企业家精神的研究源自经济学。早期法国经济学家让·巴蒂斯特·萨伊（Jean-Baptiste Say）[3] 认为，土地、劳动和资本是一切社会生产所不可缺少的三个要素，而企业家将这三个要素结合作为第四个生产要素进行活动。企业家是冒险家，他们承担了可能破产的风险。英国经济学家艾尔弗雷德·马歇尔（Alfred Marshall）将企业家定义为以自己的创新力、洞察力和统率力，发现和消除市场的不平衡性、引导生产过程、使生产要素组织化的人[4]。美国经济学家弗兰克·奈特（Frank Knight）将企业家精神定义为无惧风险的胆识。在他看来，人对风险的态度分为三类：风险偏好、风险中性和风险规避[5]。而企业家就是那些不惧怕风险、特别有"胆"的人。美籍奥地利学者约瑟夫·熊彼特（Joseph Schumpter）[6] 认为，企业家精神是驱动经济发展的主要力量，企业家创新活动是经济发展的主要动力。企业家在经济结构内部不断地进行"革命突变"，对旧的生产方式进行"毁灭性创新"，进而实现经济要素的创新组合。彼得·德鲁克（Peter Drucker）[7] 作为最早论述企业家精神的美国管理学家之一，也认为企业家就是革新者，他们是一群敢于承担风险、有目的地寻找革新源泉、善于捕捉变化、把变化作为他们可供开发利用机会的人。创新是经济发展和进步的核心动力，市场经济长期具备活力的根本在于创新，而创新来源于企业家开发新产品、创造新的生产方式，来源于企业家精神。

冒险和创新是企业家的本质特征。真正的企业家更注重"价值实现"。这就构成了"企业家精神"的两个方面：一是不太容易看见的"主观意愿"，二是比较容易看清的"客观能力"。企业家精神的心理动机和内在动力至少涉及三个方面：企业家对领地的掌控欲，对成功的渴望度，以及对创造的喜悦感。这些内心驱动力让企业家们有自己强烈的理念想要去改变现状。比如玫琳凯的创业初心是想改变女性的人生，协助女性在职场的发展。除了内在的主观意愿，更直接体现企业家精神的是客观能力，这是体现企业家价值的关键所在。企业家的前瞻性、决断力和冒险精神推动和催生了许多创造性的改变。当然，这也离不开企业家坚持创新的决断能力和顶住争议的抗压能力，也就是坚强的意志。

经济学家们看到了企业家精神的内驱动力，而社会学家和管理学家看到却是另外一面。德国社会学家马克思·韦伯（Max Weber）认为，企业家的使命是改变世界。他们不仅用赚钱的多少来衡量自己的成败，而且将赚钱作为追求使命的工具和手段。也就是说，企业家追求努力赚钱，为社会创造更多财富，参与更多社会公益事业，最终能使人类生活更美好。管理学家彼得·德鲁克在比较企业家和资本家时认为，前者在"繁荣"的目的上扮演着更关键的角色，更强调精英的社会责任。企业不仅要履行经济契约，也要履行社会契约[8]。关于经济目标与社会责任的联系，德鲁克认为，"企业的社会责任"作为一个核心概念，要联系着"社会、企业和个人"。在他看来，如果离开了企业的社会责任，整个社会将无法正常运行。

归纳以上学者的观点，我们能发现企业家精神有几个重要的特性：创业精神、敢于承担风险，创新精神、勇于改变现状的意愿，以及履行社会责任的奉献精神。与只想赚钱的普通商人不同，企业家追求的是更深层次的个人"价值实现"。

从现实角度来看，企业家特质包括了以下几点。第

一，坚强的意志。与一般人在自己熟悉的环境中随波逐流
不同，企业家会选择逆流而上，用坚定的意志去征服未知
的世界。第二，创造的喜悦。企业家喜欢接受挑战，享受
从无到有的体验，可以说是典型的反享乐主义者。在创造
中，他们通过施展个人才能以获取创造的喜悦感和成就
感。第三，对胜利的热情。企业家有证明自己比别人优越
的冲动，他们追求成功不仅是为了成功的果实，利润和金
钱可能是次要的考虑，而成功、胜利本身的象征意义对他
们更重要。第四，建立私人王国。企业家经常存在一种梦
想和意志，希望建立自己的一片天地，在这里，他能施展
才华，按自己的理念去推动梦想的实现。

但这些企业家的精神到底如何影响了企业的发展和企
业文化的打造？创始人的原始心理动机和内在动力，到底
如何驱动企业的发展？它如何实现从"我"到"我们"，
打造企业集体的企业文化？它又是如何从一代领导人传到
下一代领导人的？这是我们在本书中想要探讨的。

从企业家精神到企业文化

每家企业的文化基因大多源自创始人的精神。企业家
创业，固然会有一些以挖掘潜在利润为直接目的，但他们
有自己的价值观与原则，有特定的运作公司的方式，有自
己想改变现状的原始动机。久而久之，形成了企业中一种

不言而喻的价值观念，一种做事情的方式，也可以说是企业积年累月形成的一种"企业性格"。它包括了企业的信仰、观念、价值观、态度、工作方式、工作氛围和工作行为。简言之，企业文化是由共有价值观（什么是重要的）、共有信念（如何做事情）和共有行为规范（此时此地事情要做得怎么样）三者所构成的系统和共识。我们在评价一家企业文化优秀与否时，基本上依据企业所坚持的基本经营理念和制定的发展战略能够在多大程度上帮助企业有效应对外部环境的发展，而且能够持之以恒地进行永续经营。

在总结明治维新时期经济发展经验时，日本发布了一本白皮书，认为"日本的经济发展有三个要素：精神、法规和资本，而其中精神占50%"。对优秀的企业家来说，精神和文化要素才是最重要的。比如，具有代表性的日本企业家稻盛和夫（京瓷公司）的经营哲学就是"敬天爱人"。这种经营理念体现了一个企业家拥有的高水准的哲学和人生观，是企业发展的原动力，能够持续不断地推动企业前进。稻盛和夫认为，真正伟大的企业家在成长道路上会经历三个境界：一是走出混沌的境界，二是问道求真的境界，三是敬天爱人的境界。的确，许多全球伟大的企业家在建立商业帝国的进程中，不仅经历了起起伏伏的经济震荡，也经历了许许多多有温度、有情怀的文化事件，对企业和社会有更深层次的意义和贡献。因此，企业家要实现个人成长与突破，需要学会超越个人利益得失，重视推动整个团队的融合，进而造就整个社会的进步，这要求企业家拥有崇高的目标和坚定的价值观。

诚如美国管理学者汤姆·彼得斯（Tom Peters）和南希·奥斯汀（Nancy Austin）[9] 所说："一个伟大组织能够长久生存下来，最主要的条件并非结构形式或管理技能，而是我们称之为信念的那种精神力量，以及这种信念对于组织全体成员所具有的感召力。"企业文化的核心是形成企业的价值观共识。如果没有组织全体的价值共振，所有的文化展现就只是表面的花拳绣腿。衡量价值共振的指标是看企业能否激发员工内心的触动，对未来的向往，以及对美好的追求。企业最终需要的是有自己的信仰，有持之以恒的信念和利他的理念和行为——有时只为了活出一句话，而这句话往往是创始人的一份初心。

在很多优秀的企业使命和愿景中，往往有一句核心的话语，是其践行的企业文化的核心。比如，微软公司"以赋能为使命"，让计算机进入家庭，放在每一张桌子上，使用微软的软件。山姆·沃尔顿（Sam Walton）为公司制定了三条座右铭——"顾客是上帝""尊重每一个员工"

"每天追求卓越"。这也是沃尔玛企业文化的精华。沃尔玛公司的使命是给穷人购买与富人所购买东西同样的机会。迪士尼公司的使命是"使人快乐",这反映了迪士尼在业务领域上独特的企业个性。

学者吉姆·柯林斯(Jim Collins)和杰里·波勒斯(Jerry Porras)花费了 6 年时间深入研究[10] 了 18 个卓越非凡、常盛不衰的企业,这些企业包括通用电气、3M、默克、沃尔玛、惠普、迪士尼等。研究发现,这些能够持续经营百年的企业之所以能永续经营,不是因为它们拥有伟大的构想或者个人魅力非凡的企业领袖,而是因为它们能够坚持核心理念,同时通过不断创新和变革激励进步,在不断地学习和尝试中借助机缘一步步走向成功。那些最持久和最成功的企业具备的最基本的特质是坚守核心理念,往往用一句话来表达,用一句话去推动改变,刺激进步,形成积极的能量和方向。魅力非凡的企业领袖具有高度的自信,对自己的信念坚定不移,并凭借自己伟大的构想创造出非凡的业绩,引领企业到达行业的巅峰。然而,如果魅力型领导没有创造出自己独特、强有力的文化,那么在他离开之后,企业业绩很难持续。反之,即便没有魅力非凡的领导,企业通过在失败中不断尝试也能创造出非凡的团队和坚定的信念,那么,即使在组织领导者离开之后，他所创立的企业核心文化依旧能够在一代代接班人中传承。这彰显了创始人领导者的信念在塑造企业核心文化中的关键作用，并最终使这种文化超越了伟大领导者本身的影响力。

什么是企业文化

企业文化的概念在管理学领域起源于 20 世纪 80 年代，当时，随着日本经济的崛起，日本的汽车、电子产品等行业取得了巨大成功，在全球市场上占据主导地位。这种激烈的行业竞争引发了学界对美国和日本竞争模式的研究和讨论，进而诞生了四部具有开创性的企业文化著作，包括日裔美国管理学家威廉·大内（William Ouchi）的《Z 理论》（*Theroy Z*）、理查德·帕斯卡尔（Richard Pascale）和安东尼·阿索斯（Anthony Athos）合著的《日本企业的经营管理艺术》（*The Art of Japanese Management*）、特伦斯·迪尔（Terrence Desl）和艾伦·肯尼迪（Allan Kennedy）合著的《企业文化》（*Corporate Cultures*）以及托马斯·彼得斯（Thomas Peters）与罗伯特·沃特曼（Robert Waterman）合著的《追求卓越》（*In Search of Excellence*）。这些著作使企业文化研究开始受到理论界和企业界的广泛关注，并标志着企业文化理论的诞生，随后，有关企业文化的研究开始席卷全球。

最早提出"企业文化"概念的是美国管理学家威廉·大内，他在《Z理论》[11]中提出，日本企业成功的关键是它们拥有的独特企业文化，这一观点引起了管理学界对企业文化的研究。管理学界对日本企业管理的实践进行了系统的研究，认为企业文化是"静悄悄的企业革命"和"现代管理的成功之道"。研究表明，20世纪70年代末和80年代初世界排名前500位的大企业中，有近1/3破产或衰落，平均寿命不足40年，其中一个主要原因是它们没有培养和形成适合自身发展的企业文化。在了解日本企业成功的缘由之后，美国企业开始打造属于自己的企业文化。现在，我们可以看到一些成功的美国企业，如通用电气、微软、IBM、谷歌、迪斯尼等，它们都有独特的企业文化定位。例如，通用电气公司的文化定位是"发展就是我们最重要的产品"，IBM公司提出的口号是"成就客户，创新为要，诚信负责"，等等。

回顾20世纪80年代中期到90年代初日本企业的成功以及20世纪90年代以来美国企业在全球市场上的强大竞争力，我们可以发现企业文化是企业竞争力的根源。特伦斯·迪尔和艾伦·肯尼迪[12]通过对80家公司进行系统研究后发现，强有力的企业文化是企业获得成功、形成企业竞争力的关键，企业文化对绩效有着巨大影响。所以，当企业成员拥有企业核心价值观，并能在共同行动上体现出来时，企业就会具有独特的竞争力，并获得强有力的发展。

一个企业的成功不仅仅取决于其经营策略和市场表现，更深层次上，取决于其内部所信奉和实践的文化价值观。理解和打造企业文化，可以为企业注入源源不断的活力与动力，使其在竞争激烈的市场环境中立于不败之地。下面，我们来探讨企业文化的四个层次、四种属性及其演变的四种路径。

四个层次

企业文化是由企业群体共同默认的价值观所决定的企业思想与行为的集合，它决定了企业行事的方式和习惯。因此，企业文化是一个多层次的体系，包括观念层、行为层、制度层和形象层，这四个层次共同构成了企业文化的要素。其中，观念层是企业文化之魂，行为层是企业文化之力，制度层是企业文化之躯，形象层是企业文化之表。企业文化的竞争力来自其独特的观念、行为、制度与形象的协同合力。

四种属性

鲍里斯·格罗伊斯伯格（Boris Groysberg）教授等人在他们的研究成果中，提出文化有四个主要属性[13]：即共有、广泛、持久和隐含。

（1）共有。企业文化是一种群体现象，它根植于组织成员共同的行为、价值观和观念，通常体现在群体的规范和要求中，也即未言明的规则。

（2）广泛。企业文化渗透到组织的不同层面，影响非常广泛，有时甚至被视为组织本身。一方面，企业文化显现在集体行为、物理环境、团队习惯、标志物、历史和传统中；另一方面，企业文化也具有不可见的特征，它隐藏在思维方式、行为动机、未言明的观念，以及行为逻辑（action logics，主体如何解释和回应周围世界的心智类型）中。

（3）持久。企业文化能够长期引导群体成员的思想和行为，它逐渐形成于组织集体生活和学习的重要事件中。本杰明·施耐德（Benjamin Schneider）提出的"吸引—选择—淘汰"（attraction-selection-attrition）模型很好地解释了企业文化持久性的原因。人们通常会被与自身特质相近的组织吸引，组织选择能够"融入"组织的个体，而那些无法融入的人则逐渐离开。由此，企业文化成为一种不断自我强化的人际模式，越来越难以被影响和改变。

（4）隐含。企业文化的一个重要而又常被忽视的侧面是，尽管它非常微妙，组织成员却能通过直觉感知它，并据此调整行为。企业文化仿佛是一种无声的语言，虽然不被明确表达，却能被感知和理解。

四种路径

企业文化也不是一成不变的。从最初由创始人治理下的早期阶段，过渡到由总经理治理下的中期阶段，企业文化会经历一系列的演变。最初，企业文化的大多数内容可能只是创始人的个人属性，但会逐步发展成为整个企业的特征。在企业的最初始阶段，企业往往会与创始人等同起来。当选择接班人的时候，最理想的继任者通常是能够融合企业文化的人。他们会保留现有文化中的核心部分，并对文化的边缘成分进行变革。在代际接班中，新一代接班人往往会付出大量的努力来整合、厘清、保持和发展优良的企业文化基因。

企业文化的演变一般会通过以下四种路径：

（1）自然演化，即为了适应环境而自然发展出来的模式。持续取得成功的企业会不断吸纳最有效的元素，并逐渐演化，有时也会衍生出亚文化，并影响到企业核心文化。

（2）通过解读和计划引导企业文化的演化。

（3）提拔"文化融合者"管理企业文化的演化。这些"文化融合者"往往最初容易被大家接受，通常对公司核心文化也足够熟悉，他们会从外围变革开始，进一步让核心文化成为有利于变革的积极力量。

（4）通过调整关键的亚文化来管理企业文化的演化。同时，随着企业发展阶段的变化，内部高管成员和管理者也会形成一些新的共有经验，并逐渐成为新的企业"文化假设"的基础。

企业文化在保持核心价值观的同时，也在不断地动态发展。在某种程度上，企业文化更多体现的是组织中的隐形人际规则。团队内的文化规则清晰地表明了什么是被鼓励的，什么是不被鼓励的，什么是被接受的，什么是被排斥的，它能持续、广泛地塑造组织成员的态度和行为。如果能与个人的价值观、动机和需求结合起来，企业文化将释放出巨大的能量来推动团队追求共同目标，帮助组织构建强劲增长的竞争力。企业文化不仅可以把企业中的人紧密团结起来，对外展现企业的风采，更重要的是能够给予企业灵魂和思想发展的养分，是企业持续发展的动力所在。

哈佛商学院教授约翰·科特（John Kotter）和詹姆斯·赫斯克特（James Heskett），曾针对 2 组企业（一组重视企业文化，另一组相反）进行了 11 年的比较研究，结果发现，"前者总收入平均增长了 682%，后者仅增长了

116%；前者公司净收入增长了756%，后者仅为1%"。这个研究结果展现了企业文化如何影响组织的绩效和长期成功，为文化对企业超乎寻常的作用力提供了很好的量化证据。[14] 在良好的市场环境下，拥有强劲的企业文化支撑的企业，更具有市场竞争力。

美国管理大师加利·哈默（Gary Hamel）曾将企业经营分为三个层次：一是"人手"的经营；二是"人脑"的经营；三是"人心"的经营[15]。企业文化建设就是"人心"的经营，得人心者得天下。而要"得人心"，就要有能达成全员共识的文化理念，并让其成为每个员工的DNA。

研究方法

管理学研究方法可分为定量和定性两种。定性研究会从不同角度对企业现象进行分析和了解。定性研究方法又可分为两类：一类以"深入实地"为特征，包括以收集和分析观察资料、访谈资料为主的实地研究、民族志和参与观察等方法；另一类以"专注于文本"为特征，例如，话语分析、谈话分析、叙事分析和历史比较研究等。在上述两大类型的基础上，可以再从研究对象数目的角度增加个案研究的方式，从研究目标的角度增加扎根理论的方式，从影响和干预现实的角度增加行动研究的方式。在定性研究方法中，实地研究或参与观察、个案研究、扎根理论、文本分析、行动研究等，是基本的研究方式。其中，个案研究是管理学定性研究中最重要的、不可或缺的主要方式，也是定性研究中应用范围最广的一种方式。

在本书中，我重新梳理了过去十年积累的有关企业家和企业文化的案例研究，并从不同视角呈现出不同案例的亮点。案例研究是一个有界限的系统，该类研究中最为常见的研究对象是特定的个人、某一群体（比如家庭）、某一组织（比如企业、学校、医院）或者某一社区（比如城市）。案例研究就是使用任何合适的方法和资料，对一个（或少数几个）个案进行详细深入的研究，以期达到对个案尽可能充分的理解。案例研究不仅能为人们认识某一特定的社会现象提供深入、丰富、细致的描述，为复杂的因果联系提供更多的证据，也可以用来发展新的理论，提出与现有理论不同的甚至是相反的假设。

案例研究具有以下几个特点：一是焦点比较集中，对现象的了解比较深入，以便更好地认识和理解；二是可以利用多种资料来源和多种资料收集手段，比如深度访谈、参与观察、问卷调查、现有统计分析等，可以更好地理解现象之间因果关系的复杂性。案例研究法具有的深入、详细、微观、对象集中等特征，使其更适合于探讨特定研究对象的方方面面，也适合于从特定的研究对象中发展出解释某一类现象的理论概念和命题。所以，在实际应用中，不同学科对案例研究方式关注的对象也有所不同。

在商学院，案例研究是普遍采用的一种教学方法。案例研究方法源于哈佛大学的案例学派和早期的经验学派。作为定性研究方法的一种，案例研究方法是一种以形成一般性理论为目的，基于现有理论，对特定情境中单个或一组典型事件的发生背景、过程进行系统描述和分析，归纳出具有解释和预测作用的普遍性结论的研究方法。案例研究是一种从完整丰富的经验故事中提炼理论的研究方法，拥有独特的完整研究体系。

从 2012 年开始，我每年都会针对不同问题进行案例研究，其间，不断采访企业创始人及其企业中相关的重要人物，进行实地参访，收集大量文本进行分析。本书选出这期间比较有意思的 9 个企业案例，分析其企业创始人对其企业文化的长远影响。虽然我在研究过程中并没有有意识地积累这些案例，但回头去看这些个案的时候，发现它们都有一些共性。

通过案例研究的方法，本书讲述了每家企业从创始人创立企业到企业成长至今的故事。每个企业都活出了一句话，比如日本京瓷集团的"敬天爱人"；印尼实嘉集团的"人无信不立，业无信不兴"；爱彼钟表的"精雕细琢，精益求精"；玫琳凯的"丰富女性的人生"；方太的"为了亿万家庭的幸福"；李锦记的"思利及人"；维氏瑞士军刀的"瑞士的品质，可靠的性能"。

从创始人到企业文化，这是一个从"我"到"我们"的过程。创始人在创立公司时，其个人性格、价值观和理念会决定企业形成何种文化。随着企业发展阶段和外部环境的变化，原有的文化体系中合理的部分会被保留下来，不合理的部分会被剔除出去。最终被企业成员接纳的理念和规则将成为推动或牵引企业发展的力量。企业群体成员间的共同语言和思维方式是文化最突出的表现。正如美国学者托马斯·彼得斯和罗伯特·沃特曼在《追求卓越》中谈到的，一个伟大的组织能够长期生存下来，关键不在于其结构形式或管理技能，而在于我们称之为信念的那种精神力量，以及信念对组织全体成员所具有的感召力。

一句话只是抽象的理念，有时只是一种口号。从"说到"到"做到"需要经过漫长的过程，需要将理念落到实处，需要从一个人扩展到大多数人。企业文化的形成需要通过经年累月的实践和沉淀。企业界和管理学界不断在探索企业理念如何从个人影响扩展到更多人，以及如何从"我"到"我们"的过程。

围绕"如何活出一句话"，本书将提出企业文化三问：

为何要做（why）？要如何做（how）？该做什么（what）？具体来说，本书分为三个篇章：上篇将讨论为何要做，重点讨论企业家精神的"黄金圈"思维。一般人思维多是由外而内（outside-in），而成功企业家多半会由内而外（inside-out），明确为何要做是一件事情的核心价值。通过由内而外的思维模式，帮助创业者更好地理解动机和目标，制定战略方向，并将其转化为切实可行的行动计划。本篇收集了日本稻盛和夫、印尼黄世伟和瑞士爱彼钟表的案例，展示黄金圈理论在实践中的价值，助力企业家引领和塑造企业发展，实现个人和社会的价值。

中篇将着重探讨要如何做，讨论从企业家精神转化到企业文化，会经历一个从"我"到"我们"的动态过程，阐述塑造企业文化并将其实施到实际运作中的不同阶段。这一篇将通过旭辉集团、京东和玫琳凯的案例，探讨企业文化如何塑造强大的价值观，适应市场变化，并推动文化的形成、传播和变革。这一过程帮助企业实现"活出一句话"的目标，将其转化为可持续发展的关键要素。我们可以从案例中了解企业在从创始人的理念落地到企业文化的形成的过程中是如何做的。

下篇将通过东西方案例探索企业文化的内涵该做什么，指出卓越企业文化所需包含的要素，这些要素如何打造了企业持续发展的软实力。以方太、李锦记和维氏瑞士军刀企业的案例为例，揭示企业文化的核心要素和发展路径。卓越元素涵盖了企业文化从内核发展到外显表征的过程，同时解析了企业文化形成过程中可以运用的工具机制。企业文化由内而外地影响了不同的利益群体，包括客户、员工、社会和其他相关群体。企业文化不能只是停留在口号上，而必须言行一致地落到实处，为员工、客户和社会创造价值。

本书通过"为何要做？要如何做？该做什么？"这三问，为读者提供了打造企业文化的理论知识和实用工具，旨在帮助他们在企业发展中活出自己的一句话，实现长期成功和可持续发展。

为何要做？
——企业家精神的黄金圈思维

前面说到企业家精神的重要特性，包括企业家的创业精神，敢于承担风险；创新精神，勇于革新，改变现状；以及履行社会责任的奉献精神。与普通商人只想赚钱不同，企业家追求的是更深层次的个人"价值实现"。为了更好地理解企业家的"价值实现"思维，我们可以借助西蒙·斯涅克（Simon Sinek）的黄金圈法则[16]。这一法则指出，我们思考事情时都会围绕三个层次展开：为何要做，要如何做，以及该做什么。这三个层次由内而外构成一个同心圆，其中，为何要做位于内圈，要如何做位于中圈，该做什么位于外圈。斯涅克发现，一般人的思维模式是由外而内的，也就是先想该做什么，再确定要如何做，心有余力再想为何要做；但成功人士通常会发展出由内而外的思维模式，他们总是先想为何要做，再确定要如何做，该做什么是自然的结果。根据黄金圈法则，回答"为何要做"是一件事情的核心价值，"要如何做"是真实目标，而"该做什么"则是表象目标。也就是说，成功人士的由内而外思维先确立做一件事的核心价值，然后设定真实目标，而表象目标则是水到渠成的结果。通过思考"为何要做"的层面，我们能更好地探究事物的本质，也才更能找到解决问题的根本方法，或者创造出更多有效的方式。

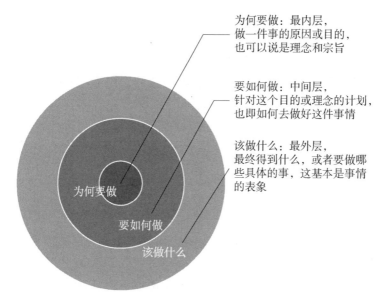

为何要做：最内层，
做一件事的原因或目的，
也可以说是理念和宗旨

要如何做：中间层，
针对这个目的或理念的计划，
也即如何去做好这件事情

该做什么：最外层，
最终得到什么，或者要做哪
些具体的事，这基本是事情
的表象

企业家精神的黄金圈法则

但每个企业家并非一开始就能想清楚这三个层次的问题。他们会在建立企业和人生的道路上经历起伏和各种挑战，不断摸索和成长。正如稻盛和夫说，企业家在成长的道路上会经历三个境界：一是走出混沌的境界，二是问道求真的境界，三是敬天爱人的境界。在这个过程中，他们会经历各种考验和危机，不断演进和提升自我。正是通过这些实践和经验的积累，他们才能逐渐明确自己的核心价值观和使命。

黄金圈法则指出，成功的企业家倾向于由内而外地思考和行动。他们首先探索"为何要做"的核心价值，也就是企业的使命和目标。这个内圈的核心价值是他们创业动力的根源，激发着他们不断追求和奋斗。随着对核心价值的明确，企业家开始思考"要如何做"，即制定战略和执行计划，以实现内圈的目标。这需要创新精神和勇于革新的态度，不断寻找新的方法和途径来改变现状。他们不满足于传统的经营方式，而是敢于冒险和尝试，为企业带来更大的成长和成功。最后，企业家思考"该做什么"，即确定外圈的具体行动和目标。这些目标是在核心价值和战略方向下的具体落地，是实现企业使命的具体步骤。通过设定清晰的目标和指标，企业家能够将抽象的理念转化为可操作的实践，并通过实践将战略目标变为现实。在这个过程中，每个企业家都会有自己的成长和蜕变过程。他们可能会经历稳定与混乱的循环，不断修正和调整自己的思维方式和行动路径。他们会不断追求真理和深入思考，寻找更高效和创新的方法，以不断提升企业和个人的价值。下面，本篇会通过三个企业的案例，去了解企业家的黄金圈思维以及他们如何将黄金圈思维运用到自己的创业过程中。

　　第一位是日本著名的企业家稻盛和夫。稻盛和夫以其独特的"利他之心"和"敬天爱人"的经营哲学而闻名。

在创办京瓷的过程中，他始终坚守着"以心为本"的理念，深入思考内圈问题："为何要做"。首先，他认识到人心是经营的依靠，因此，他确定了公司的经营理念：追求员工全面幸福，同时为人类和社会进步作出贡献。这种内圈思考帮助他建立了坚实的企业基础，并为未来的发展指明了方向。其次，稻盛和夫运用黄金圈思维的中圈，即"要如何做"，体现在他对创新和勇于革新的追求上。他深刻认识到，只有不断创新和改变，企业才能不断进步并适应变化的市场环境。他引入现代化的设备和先进技术，不断改进产品质量和效果，把握市场机遇，实现京瓷的国际化和资本市场化。最后也最重要的是，稻盛和夫的外圈思考，即"该做什么"，体现了他的利他主义精神和社会责任感。他将人们的福祉放在首位，不仅致力于提供高品质的产品，还积极关注社会问题和公益事业。即便面对竞争对手，他仍保持着"利他之心"。出于"为社会尽力"的纯粹动机，稻盛和夫先后创办第二电信并临危受命重建日航，将社会责任融入企业的经营和发展中。稻盛和夫的创业生涯是黄金圈思维的生动实践。他通过由内而外的思维模式，始终关注企业的核心价值、创新发展以及社会责任，不断推动企业和个人的成长。他的利他主义思维使他的企业赢得了社会的认可和信任，并为他个人赢得了尊重和荣誉。

第二位是东南亚华商黄世伟。黄世伟作为杰出的华商领袖，以卓越的道德领导力广受赞誉，而他在创办和经营实嘉集团的过程也体现了黄金圈法则。黄世伟自幼注重道德修养和人格塑造，接受了良好的家庭和社会教育，秉持诚实、正直和正义的价值观，这为他日后的创业生涯奠定了坚实的基础。在创业过程中，黄世伟始终坚守道德底线，他注重与合作伙伴建立互信和共赢的关系，恪守诚信原则，并通过实际行动证明自己的可靠和诚实，赢得了合作伙伴和客户的信任。这种诚信和道德观念的贯彻不仅为企业树立了良好的声誉，也为他在商业界的崛起打下了基础。在发展壮大商业版图的过程中，他的"利他"理念促使他将对家人的"小爱"扩展为对整个社会的"大爱"，通过企业的成功回报社会，促进社会的进步和发展。在管理家族和企业方面，黄世伟始终坚持公平和公正原则，对家庭成员与企业员工一视同仁，保持组织上的决策公平性。他在家族和企业内部建立了严格的道德标准和行为准则，强调正直、公正和负责任的企业文化。他将道德标准融入家族成员培养和企业经营发展的过程中，确保家族成员和员工始终秉持正确的价值观和道德准则。在2014年，有感于金融危机背后的商业道德危机，他在美国波士顿大学捐设了"黄世伟全球经济道德学院"，希望以经济道德为核心理念，培育正直的企业人员。黄世伟通过道德型领导的实践，展现了黄金圈思维，关注企业的核心价值、员工的幸福和发展，以及社会的进步和发展。

第三位是瑞士名表创始人朱尔·路易·奥德马尔（Jules Louis Audemars）和爱德华·奥古斯特·皮盖（Edward Auguste Piguet）。爱彼是瑞士钟表行业的杰出代表之一，以独立、创新和卓越的品牌理念闻名。两位创始人从品牌创立开始，不追求大规模批量生产，将重点放在创造高品质、精确度极高的手工制表工艺上。历经 140 余年，爱彼是目前钟表业唯一一家至今仍保留在创办家族手中经营的百年钟表企业。历经战乱、经济萧条或行业巨变，爱彼家族形成的社会情感财富，让爱彼家族的后人深知如何延续创始人留下的价值理念。他们注重核心价值的传承，并将制表技艺与当代艺术相结合，不断引领行业发展，展现出卓越的钟表工艺和创新的精神。爱彼家族的核心价值是企业经营的使命和目标，是他们创业动力的源泉。凭借独立思维，爱彼家族根植传统，勇于探索新的经营方式，不满足于现状，积极寻求创新突破。他们将企业发展视为长期投资，注重传承家族精神财富和制表技艺，致力于保持独立性和实现常盛不衰的发展。而在追求卓越的道路上，爱彼家族也持续不断地创新，将钟表业与当代艺术相结合，以不断引领市场潮流。爱彼钟表的发展过程和发展历史展示了爱彼家族从内圈核心价值的思考开始，延伸至外圈具体行动和目标的全过程。爱彼家族始终坚持内外一致，追求真理和创新，以实现企业使命和持续成功的目标。

黄金圈法则为企业家提供了一个有力的思维框架，帮助他们在创业和个人成长的道路上更加明确自己的核心价值观和使命，并通过由内而外的思维模式更好地理解自己的动机和目标，制定战略方向，进而将其转化为切实可行的行动计划。我们在稻盛和夫、黄世伟和爱彼的案例中都可以去挖掘这一理论在实践中的价值。也正是对这一理论的正确运用，使得更多的企业家能够更加有力地引领和塑造企业的发展，并在不断成长的过程中实现个人和社会的价值。

第1章 京瓷：稻盛和夫的敬天爱人理念

2014 年访问日本时，我拜访了京都陶瓷（Kyocera）和无印良品（Muji）。这是日本当今备受尊敬的两家企业。当时我就觉得日本商社的会长都是哲学家、思想家，有着很高的社会责任感和清晰的企业精神理念。"人活着是为了什么？企业活着又是为了什么？"是他们不断思考和探索的问题。这对许多西方企业家和中国企业家来说，是虚无缥缈、不切实际的问题。但在日本，那是企业存在的灵魂。后来我又有幸听了稻盛和夫先生的演讲。当时 83 岁高龄的稻盛和夫先生刚从日本飞来，下了飞机就直奔会场，给台下几百名企业家介绍他的企业经营理念——"敬天爱人"。

稻盛和夫被誉为日本近代经营界的传奇人物，他在长达 50 多年的经营生涯中创造了 2 家世界 500 强企业，即京瓷和 KDDI。此外，他还在关键时刻挺身而出，帮助日本政府拯救了陷入严重经营危机的日本航空公司。他的一生经历了多次世界级危机，但他的事业却能不断逆势上涨。很多人敬佩这位青年时期平凡的男人，他在人生道路上不断取得辉煌而持续的成功。他回忆了自己超过半个世纪的经营生涯，感悟到在这个世界上，若想要留下真正的痕迹，其实只有一件事情，那就是"一切成功都归结于利他之心"。他说，人生的成功和失败都取决于我们是否能够提升自己的心灵品质，使其更加纯净和美好。换句话说，我们的内心所描绘的是什么？我们拥有怎样的理想？用何种态度来面对人生？这决定着我们人生命运最重要的因素。当我们拥有一颗纯洁而美好的心灵时，我们就能迎接丰富而精彩的人生。

从小的利他之心

2015 年有一次做线上开学演讲，我决定对学生讲一个稻盛和夫先生小时候的故事。小时候的稻盛比较胆小，一直跟在大他 4 岁的哥哥屁股后面。后来哥哥上学了，他只能自己出去玩，每次都会回家向妈妈哭诉被别人欺负。妈妈当时并没有安慰他，也没带他去讨回公道，而是递给他一根棍子，告诉他：你是男子汉，自己可以面对。自此以后，小稻盛出门时包里都会放上这根棍子，这根棍子赋予了他勇气。其他小朋友不敢再轻易惹他，他也开始不害怕了，后来还变成了孩子王。

稻盛妈妈不担心孩子被人欺负，更鼓励孩子能自己面对问题。所以父母不用老担心孩子受委屈，一个人的胸怀是委屈撑大的。受不了委屈，成不了大事。

小稻盛在初中时，有个同学一直跟着小稻盛一起玩。这个同学家里后院有棵大柿子树，长了许多柿子。他总是和小稻盛说他爷爷知道小稻盛对他好，所以希望他带着小伙伴到家里玩。起初小稻盛觉得来回路途太遥远，三番四次推却了。但小同学不断盛情邀请，小稻盛最终答应了，带了七八个同学一起去。果然后院满树的柿子，小伙伴们乐坏了，爬上树把所有的柿子摘光，还带回了家。

但没想到，第二天到学校时，小稻盛就被校长叫进了办公室。原来小同学的爷爷非常生气，到学校投诉说小稻盛带着几个小坏蛋到家里把所有柿子都摘光了。小稻盛当时非常惊愕，他不是在意爷爷和校长的质问，而是诧异于小同学怎么这样言不由衷？他看着小同学，可怜的小同学害怕羞愧得巴不得能钻进地洞，不敢看小稻盛一眼。

小稻盛秒懂他并没有恶意，只是不敢得罪爷爷。那一刻，他决定把责任直接担当下来。他当着同学的爷爷和校长的面，承认错误，表示自己会负责赔偿。后来同学的爷爷见他态度好，也就不再追究了。

或许有人会认为错在小同学，应该当面拆穿他；或许有人认为应该让其他小伙伴也一起受罚；也或许有人认为应该让稻盛的妈妈来，家长应该为孩子的不当行为道歉。但结果却是出乎意料地顺利化解，并没有相互推诿、纠缠不清。

过后，小稻盛却陷入深深的反省之中。我错了吗？我到底错在哪里？他深刻地反思自己。他认为既然自己是孩子王，出问题时，自己就应该承担后果，甚至比别人应该承担更多责任。这就是一种领导的担当力。他也反思自己为什么会误判信息，觉得自己当时并没有站在同学爷爷的角度考虑问题，柿子树结满了柿子，爷爷肯定满心欢喜想要分给亲戚朋友，自己当时怎么没想到呢？他觉得自己缺乏共情的能力，所以才做了错误的判断。深刻反思之后，他心悦诚服地承认自己错了。

我们大多数人可能就像那个小同学，害怕承担后果，自我保护，不求大功，只求无过。而小稻盛却能在关键时刻表现出一种担当力，并在发生问题后进行自我反思，展现出反思后的洞见和共情能力在判断中的重要性[17]。

稻盛先生小小年纪就懂得利他之心。稻盛先生出生在笃信佛教的家庭，从小就有隐蔽念佛的体验。稻盛先生说："隐蔽念佛的经历塑造了我心灵的原型。"稻盛先生崇敬故乡的英雄西乡隆盛，是阳明心学的忠实信徒。阳明哲学的核心概念是"致良知"。良知代表着天理、道德，存在于每个人的内心深处。致良知即是发掘并遵循内心的良知，摒弃私心和杂念，以符合内心最本真的善良和正直。在稻盛先生看来，人们首先应该转向自己的内心，审视自己是否拥有正直的心。其次，最为高尚而美好的心灵就是那颗关爱他人的善良之心，即使需要为他人作出牺牲也在所不惜。从佛教的角度来看，这便是拥有一颗"利他之心"。

以心为本的经营：创建京瓷

稻盛和夫年轻时学业平平，后来他去一家陶瓷厂工作，而那家工厂面临经营困境，和他一起去的四个大学生都辞职了，只有他留了下来。他吃住都在实验室，不断钻研，终于发明了世界领先的精密陶瓷，从此改变了命运。在1959年，年仅27岁的稻盛和夫以他自己开发的精密陶瓷技术为基础，创立了京瓷株式会社。没有足够的资金和经营的经验，只有7位伙伴的决心。在创业前，7人就写了一份决心书，明确了设立公司的意义："我们团结一心，为社会、为世人做贡献。同志聚集，歃血明志。"大家在决心书上按上血印，做了宣誓。就这样从街道工厂开始，一路高速发展，现在的京瓷销售规模已超过了 15 000 亿日元。稻盛先生认为，之所以能获得这样的成果，是因为京瓷一开始就具备了一种纯粹的崇高的理想。

年轻且在技术领域有出色成就的稻盛，在担任企业经营者时面临了巨大的压力。他一直在思考"企业经营应该依靠什么"，并得出一个结论：人心是最重要的。尽管人心是最易动摇和难以把握的，但一旦建立起相互信任和紧密联系，人心也是最稳固、最可靠的力量。正因为企业是由彼此心心相印的伙伴共同创办的，所以从一开始，注重建立紧密的人际关系便成为企业文化的核心。

在京瓷创业的第 3 年，11 位工作仅 1 年的高中毕业生集体与公司交涉，他们希望公司能够确保定期加薪和奖金的待遇。最初，京瓷成立的初衷是为了让稻盛的技术得到世人的认可。稻盛认为只要全身心地工作，生计问题总能解决。然而，这些新员工对长时间的加班感到不满意，并且对未来感到担忧。在经过三天三夜的交涉后，稻盛充满诚意地说道："如果你们仍然对我不信任，是否有敢于被骗的勇气？如果我辜负了你们的信任，你们就可以用刀捅我。"稻盛的这番言辞深深触动了他们，最终解决了这次交涉。正是因为这次事件，稻盛开始持续认真地思考企业经营最根本的原则。

所谓经营，就是经营者全力以赴，为员工的幸福考虑周全；公司需要确立远离经营者私利的崇高理念。随后，京瓷确定了公司的经营理念：在追求全体员工物质与精神两方面幸福的同时，也要为人类和社会的进步与发展作出贡献。企业经营的目标首先是保障员工的生活和幸福。然而，如果仅仅满足于这一目标，企业就可能陷入本位主义，只追求自身利益。因此，经营理念中加入了后一句，表达了从利己扩展到利他的经营理念。经过半个世纪的发展，京瓷始终坚持以心为本的经营，才取得了如今繁荣的成果。

贯彻原理原则的经营

作为经营者的稻盛和夫，必须对每天的各种问题作出判断。特别是作为一家刚成立的企业，一旦判断失误，公司很快会倾覆。稻盛意识到，在经营活动中做出的决策，必须要基于世间通行的道理，要符合"原理原则"。因此，他将所有的事情都回归到"原理原则"来进行判断，"把作为人应该做的正确的事情以正确的方式贯彻始终"。对企业经营中的开发、生产、销售这三个环节，稻盛都有自己独到的理解。

稻盛认为，企业经营的核心在于将开发出来的产品投入生产，并通过销售获得销售额。销售额减去所需费用的差额即为损益。在他的观点中，经营就是将产品的创造力转化为商业价值，实现销售的盈利。在这个过程中，京瓷成为高收益的企业。

进军海外市场

京瓷作为一家拥有宏伟目标的企业，一直渴望进军海外市场。在1962年，稻盛访问美国1个月，这也是他第一次海外出差。当时，1美元相当于360日元，对于成立仅4年的京瓷来说，这次海外出差是一个巨大的经济负担，然而却是朝着进军全球市场的梦想迈出的关键一步。尽管未能获得关键的订单，但京瓷的卓越技术实力却受到了高度赞赏和认可。在1964年，稻盛再次出差欧洲和美国，积极开展营销活动，并逐渐获得海外订单。京瓷在1969年在美国成立了首家海外子公司KII（Kyocera International, Inc.）。同年，京瓷成功开发了多层封装技术，并从硅谷的半导体制造商那里获得了大批订单。1971年，KII正式开始在美国圣迭戈开始本地生产。起初，海外生产面临众多困难，由于文化差异，公司连续数年亏损，甚至面临关闭的危机。然而，稻盛相信美国人和他一样，也能基于"原理原则"做出正确的判断。面对各种经营问题，他们以良知和道德进行决策。日方的管理人员积极努力融入当地员工团队，与他们紧密合作解决问题。他们克服了语言和文化差异，建立起强大的凝聚力，工厂生产也逐渐步入了正轨。成功进入美国之后，京瓷不断地把业务扩展到欧洲和亚洲，并最终发展成为一家全球性企业。

京瓷上市

1970 年，京瓷从成立以来的销售额持续同比增长50％左右，而且利润率也达到了约 40％。证券公司纷至沓来劝说京瓷上市。稻盛在听取多方意见的过程中，觉得为了公司和员工确实应该上市。当时证券公司提供了三种上市方式：第一，将原本在创业者手中的股票抛售到市场上；第二，公司发行新股，向市场公开；第三，将前两者折中，一部分抛售创业者手中持有的股票，同时发行一部分新股。证券公司劝说稻盛抛售手中的股票，获得原始股票升值带来的巨大利润。在上市这个分水岭上，稻盛做了认真的思考："企业和经营者应该怎么做？"经营者是个人，但也是法人代表，也就是企业的代言人，必须侧耳倾听企业的呼声。最后稻盛没有选择让自己个人获利的方式，而是选择了更好地推动企业发展的方式，即第二种方法，通过发行新股上市。这个判断促进了京瓷后来的发展。

满足客户需求的经营

在京瓷的经营中，在研究、生产和销售各个环节，每个部门都必须全面理解并高度重视顾客的需求。作为一家技术性企业，京瓷以未来进行时开发产品，即使目前没有能力完成的事情，也要努力将其实现，只有这种心态才能真正创造出卓越的产品。稻盛要求京瓷制造出"会划破手"的产品，在京瓷的企业文化中，这意味着产品不仅要具备优越的性能，而且颜色、形状都要达到完美无瑕，同时，在产品质量上必须超出客户要求的标准。尽管稻盛提倡"要做客户的仆人"，但也明确了事情的界限。例如，在定价方面，即使产品价格便宜，也不能赔本赚吆喝；在产品质量方面，要追求绝对的高品质，但也要面对现实，不可能达到完美。稻盛认为，定价即经营，正确认识产品的价值，并找到单品的利润与销售乘积最大这一点，以此为基础确定价格，同时也要考虑顾客愿意购买的价格范围。

利他之心经营的实践

虽然在企业经营世界里，稻盛和夫常强调"利他之心"，却也常常听到批评反驳和质疑的声音——在竞争激烈的商业环境中，依靠"利他"和"关爱之心"的价值观，能否成功经营一家企业呢？

稻盛在他的分享中讲述了一个故事，涉及京瓷曾救助过的一家面临经营困难的企业。京瓷与这家公司合并之后发现公司有一个工会组织，而这些工会成员思想偏激，把热情都投入在工人运动上，并多次很强硬地提出不合理的请求。在稻盛先生拒绝他们的请求后，愤怒的工会工人们在长达数年里，走到京都的街头，开展宣传活动，污蔑京瓷公司和稻盛和夫。然而，面对他们的行为，稻盛先生并没有采取对抗措施，而是把精力放在合并企业的经营上。他一直坚持到这些人最终离开公司，这个过程持续了七八年的时间。在这期间，公司遭受了无法估量的损失和困扰。然而，稻盛先生没有发牢骚，毫无怨言，一心为员工，不断提升企业的效益。

随着时间的推移，这家合并公司成了京瓷机器制造事业不可或缺的一部分，并开始盈利。十几年后，京瓷又合并了一家濒临倒闭的复印机公司。机缘巧合的是，这家子公司的首任社长，竟是当年稻盛煞费苦心、努力重建的那家困难企业的原厂长。他感慨道，曾经的自己是被救助的一方，如今站在了救助他人的位置上。这家合并公司作为京瓷集团的一员，之后也是业绩优异。稻盛先生在分享这个故事时感悟道："过去，我虽然拯救了一家企业，却因为一部分过激的员工而大吃苦头。但我没有因此而气馁，而是为了员工，拼命努力，最后因缘际会，好的结果又回到了我身上。"正如中国明代《菜根谭》所说"行善而不见其益，犹如草里冬瓜"，以利他之心发起的行动，早晚会结出善果，并返回到自己身上。

为社会尽力的纯善动机：创立 KDDI

52 岁，稻盛和夫又创办了 KDDI，第二电信。当时因为 NTT 的垄断，通信费用居高不下，为了打破垄断，必须有新企业参与竞争，通过正当的竞争把通信费用降下来。他说他当时虽然有强烈的愿望，但并没有立刻参与竞争。之后的半年，他反复扪心自问：自己"动机善吗？私心无吗？"他要确认自己不是出于私心，而是出于"为社会尽力"的纯粹动机。

1983 年在京瓷的临时董事会上，稻盛先生一锤定音，决定进入电气通信行业："京瓷创业以来积累了 1 500 亿日元的内部资金，我希望能动用其中 1 000 亿元。"1984 年，他创立了 KDDI 的前身——DDI（第二电电）。稻盛和夫一直坚信以"利他之心"来经营企业，才是构筑新商业文明的根本。在做决策时，不能只以得失来衡量，而要以一颗善良的心来推动企业的发展。以"利他之心"为动机的行动，比没有这种动机的行为，具有更高的成功概率，甚至有时会超出预期，取得惊人的成果。

正是稻盛以至善的动机和崇高的精神创立了第二电电公司，这种初心深深打动了员工，激发出了他们不亚于任何人的努力。如今，KDDI 已经成为仅次于 NTT 的日本第二大通信公司，并对日本通信行业的积极发展发挥着重要的推动作用。

敬天爱人：78 岁高龄重建日本航空公司

更让人津津乐道的是稻盛在 2009 年 78 岁的高龄时，力挽狂澜，把已经宣告破产的日本航空公司（以下简称"日航"）复活拯救过来。2009 年，稻盛和夫先生正在专注于佛学修行、享受晚年的时候，日本航空公司宣告破产，负债高达 15 235 亿日元。作为世界第三大航空公司，日本航空公司在日本更是被誉为"翅膀"。在那个关键时刻，时任首相的鸠山由纪夫亲自三次登门拜访稻盛和夫，邀请他出山担任这家破产公司的董事长。他开始是非常不情愿的，但是后来却答应了。他说他当时是考虑到日航的破产会影响日本的经济和形象，他也担心会有许多人因此而失业。以 78 岁高龄上阵，几乎所有人都为他捏了一把冷汗，怕他晚节不保。他答应出山后，只提了两个条件：不拿一分钱，不带一个人，因为自己根本不懂航空业，但只为"敬天爱人"。

2010 年 2 月 1 日，稻盛先生走马上任，担任日航会长。日航能否重建，举世瞩目。最开始几个月，日航依然亏损，更大的问题是，日航的员工们并不理解他的经营哲学。他们不相信来自制造业而且已经退休多年的老头的唯心主义的说教可以拯救日航。但如果哲学不能共有、人心不能凝聚的话，改革无法推进，稻盛和夫先生推行的阿米巴经营也无法落地。年迈的稻盛先生苦口婆心，呕心沥血，言传身教，不屈不挠。他组织日航 52 名主要干部，进行所谓"密集型猛特训"，1 个月举办 17 次学习会，稻盛先生亲自讲了 5 次。有一次，稻盛先生有点感冒，声音沙哑，见有的干部还不认真听，稻盛先生动情地说："我是凝聚我的心血来讲的，你们一定要好好地听啊！"1 个月的集训结束，日航干部们感动之余，通宵讨论，痛表决心，日航的氛围从此焕然一新。日航开始扭亏为盈，稻盛先生精神矍铄，但明显消瘦了。2012 年 8 月，日航再次成功上市。

稻盛和夫先生在整个职业生涯中，不同时期在三个不同的领域，面对从零开始的巨大挑战，都能获得如此成就。在论坛上他分享了人生的三大经历：发明、开创、挽救。人生能做其中一件事已经非常了不起，他却做了三件。他总结了经验，"企业用人：人格第一，勇气第二，能力第三"。热爱是点燃工作激情的火把，无论什么工作，只要全力以赴去做，就能产生很大的成就感和自信心，而且会自然而然地向下一个目标挑战。成功的人往往都是那些内心有激情且沉醉于自己所做之事的人，更重要的是要拥有纯粹的理想——敬天爱人！

稻盛哲学——作为人，何谓正确？

稻盛和夫白手起家创办京瓷、KDDI 这两家世界 500 强企业，他在 78 岁高龄成功拯救了破产的日本航空公司。他一生经历了多次世界级的危机，但他的事业却总能逆势上涨，越发强大。这让很多人感到困惑：一个年轻时非常平凡的人，如何能够取得如此辉煌且持续的成功呢？对此，稻盛和夫先生表示，他所依靠的无非就是东方圣贤们所倡导的正确的为人之道。

稻盛和夫崇尚中国古典文化，将东方哲学思想融于经营实践中。他的稻盛经营学理论中的每一条原则，几乎都可以追溯到中国文化的渊源。稻盛先生表示，日本向中国学习了一千年，而且中国的圣人、贤人是从"道"的层面，即为人之道的根本，教导了我们。他希望将学习中国圣贤的文化应用于企业经营的经验，与中国的企业家分享，让他们少走弯路。

稻盛和夫先生在实践中不断思考着企业应该如何开展工作和经营，以使其顺利发展。在这一过程中，他领悟到了工作和经营的理念、思维方式和具体方法，并将其归纳为一种独特的"经营哲学"。要成为经营者就必须懂哲学。在稻盛和夫看来，"我所说的哲学并不是什么高深的理论，而是应该以正确的做人之道为标准对事物进行判断。这不涉及利益的得失评估，也不是战略和战术的制定，而是作为人，选择正确道路的必要性。这是不可或缺的。"

"在自己的经营和人生中，在苦斗奋战中，我领悟出了做人做事正确的原理原则，或叫思维方式。不管处于何种剧烈的景气变动的漩涡之中，我都不折不扣地、毫不动摇地贯彻这种原理原则和思维方式。这么做的结果是企业实现了超乎想象的成长发展，我自己的人生也收获了意想之外的成果。"[18]

我们看到，稻盛哲学是直面"作为人，何谓正确？""人为什么而活着？"这种根本性问题，在克服各种经营困难的过程中形成的工作和人生的指南，也是引导京瓷发展至今的经营哲学。

第一个要素，稻盛和夫认为所谓哲学，首先它是"成为公司规范的一种准则、约定"，指明了公司应该按照这种规则、伦理观念来开展经营。在许多企业中，很少有经营者向员工提出"作为人，何谓正确"的问题。然而，稻盛和夫的哲学始于这个问题，并将其作为判断一切事物的准则，坚定地以正确的方式贯彻作为人应该做的正确之事。稻盛和夫所倡导的企业经营规范、规则以及必须遵守的事项，都源自对"作为人，何谓正确"这一基本原则的坚守。他通过以正确的方式践行"作为人应该做的正确之事"，成功地引导了京瓷在创立后的半个多世纪以及海外拓展中始终坚守正确的方向。这一基本原则成了京瓷员工的信仰，使他们始终保持正确的道德观念和行为准则，从而确保了企业的持续发展和成功。

第二个要素，它是"企业为了追求并达成其目标所应具备的思维方式"，阐明了企业为了完成远大目标所必须拥有的思维方式和应采取的具体行动。在京瓷公司刚成立时，只是在日本京都租借了一间木结构的房屋，员工数量不足百人。稻盛和夫一再强调："我们要将京瓷打造成西京原町企业中的第一；成为西京原町第一之后，我们要瞄准中京区第一，然后是京都第一；实现京都第一后，我们就要成为日本第一；一旦成为日本第一，当然就要迈向世界第一。"这在当时似乎是一个遥不可及的梦想。然而，为了成为世界第一的公司，企业的领导人和员工们需要思考如何行动，从思维方式到工作方法，都需要明确并确立企业运营的哲学。不同的企业目标需要不同的哲学和思维方式，就像攀登不同的山峰一样。"树立高目标""持续付出，不亚于任何人的努力""把自己逼入绝境""极度认真地生活"等，这些思维方式和人生态度在稻盛和夫的哲学句中随处可见。

　　第三个要素，它"赋予企业优秀的社格"。就像人具有人格一样，企业也应该拥有作为企业的人格，即"社格"。稻盛哲学明确了为了拥有崇高的"社格"而必须具备的思维方式。稻盛和夫认为，在普适的伦理观基础上，以正确的为人之道为根本，这种哲学观念不受国界限制，在全球化的企业经营中同样具有有效性。京瓷在全球范围内设有许多生产和销售基地，稻盛和夫认为，作为一家全球化企业，在海外经营企业的关键是如何善治人。要赢得其他国家人的尊敬，必须展现出特别优秀的人格魅力，以德治人。这样，企业才能赢得各界人士的赞誉，成为一家值得称赞的、具有卓越社格的企业，从而赢得各方的信任和尊重。这三项要素对推动企业的进一步发展是至关重要的。

"作为人所应持有的正确的生活方式和人生态度"这第四个要素，则是前面三项要素的基础，为我们每个人明示了如何度过美好人生的真理。

由此四项要素构成的稻盛哲学，也是稻盛和夫一辈子实践的哲学。京瓷和 KDDI 的持续繁荣，日航的起死回生，都在用实际的企业案例印证这一哲学的有效性。

企业管理原则

在多年的经营过程中，稻盛和夫基于自身的经营体验，总结、提炼出经营企业的管理原则，以及一些具有代表性的经营手法。例如，"阿米巴经营""稻盛会计学""稻盛经营十二条""六项精进""调动员工积极性的七个关键""面对经济萧条的七个要诀"等。在稻盛和夫的经营手法中，"阿米巴经营"是其创建的独特经营方法，"成功方程式"是其确定的企业评价准则，而"管理永远在现场"则是其倡导的经营者管理范式。

阿米巴经营管理模式

在稻盛的经营手法中，最受人推崇的是阿米巴经营。

阿米巴经营是稻盛和夫为了实现京瓷公司的经营理念而创立的一种独特的管理会计体制。

阿米巴经营有三个核心目标：建立与市场直接联系的分部门核算制度，培养具备经营者意识的人才，实现全员参与的基于经营哲学的经营模式。通过阿米巴经营的管理模式，经营权被下放到基层，实现赋权经营和权责对等。这种模式让每位员工像一位小老板一样思考、决策和行动，每个人都对利润负有责任。在自主经营的过程中，员工不断成长，并成为企业经营中不可或缺的人才。

阿米巴经营不仅仅是京瓷和 KDDI 发展的动力，它在日本航空的经营改善过程中也发挥了巨大的作用。在 2010 年 1 月，日本航空（JAL）以 2.3 万亿日元的负债额申请适用《公司重建法》，面临着实质上的破产。稻盛通过制定"日航哲学"，不仅建立了共同的价值观，也推动了全体员工的意识改变。此外，阿米巴经营的引入让每位员工都培养起经营者的意识，开始思考如何提高部门的销售额和降低成本。仅用了 1 年的时间，日本航空从破产状态迅速扭亏为盈，并创造出了公司 60 年历史上最高的利润。如今，已有 700 多家企业引入了阿米巴经营模式，取得了显著的成效。

稻盛会计学

作为一名技术出身的创业者，稻盛在创办京瓷公司时并没有专业的经营和会计知识。面对各种经营问题，他需要做出决断。在思考之后，稻盛决定以"作为人，何谓正确"作为判断的基准。即使在面对各种会计问题时，稻盛也常常回归问题的本质，以"何谓正确"为解决问题的基础。这种思考方式孕育了"京瓷会计学"，这是一种不受传统常识束缚的、回归到会计本质的会计学。稻盛会计学旨在正确把握经营的实质，促进企业的发展，并制定了具有实践性的"七项基本原则"，包括现金本位经营原则、一一对应原则、肌肉型经营原则、完美主义原则、双重确认原则、提高核算原则和玻璃板透明经营原则。这些原则为企业提供了清晰的指导，以确保经营的准确性和透明度。

成功方程式

在创立京瓷不久之后，稻盛和夫找到了表达工作和人生成果的方程式，即

人生·工作的结果＝思维方式×热情×能力

人生·工作的结果由思维方式、热情和能力这三个要素的乘积决定。这个方程式是稻盛和夫处世的根本。能力

和热情，分别可以从 0 分打到 100 分。能力平平，但比任何人都努力的人，要比以为自己能力强、骄傲自满、不肯努力的人更能够取得出色的成果。

在这三个要素中，思维方式占据了至关重要的地位，因为它具有明显的"方向性"，可以是正面的，也可以是负面的。思维方式即人生态度，它可以是积极的善念，也可以是消极的恶念。有些人将他们的热情和能力用于正面的方向，而另一些人则将它们用于负面的方向。人生的方程式可以用乘法来表达，但首先必须确保思维方式朝着正确的方向发展，否则再强大的能力和热情也可能成为浪费人才的原因，并对社会造成危害。正面的思维方式可以促使人们以积极、主动、乐观的态度来处理各种事情，使事情朝着有利的方向发展；正面的思维方式使人在顺境中脱颖而出，在逆境中更加坚强；正面的思维方式让人有能力将不利的情况转化为有利的，将优秀变为卓越。

至死利他的领导气质

为了将自己多年积累的经验回馈给社会，帮助年轻的经营者学习经营之道，同时向世界的企业家分享和实践利他哲学，稻盛先生决心创立一个平台。他深刻意识到许多中小企业的经营者与他当初一样，不清楚什么是真正的经营，也无从得知如何学习经营的本质。他特别指出，虽然年轻的经营者在学校学到了一些经营理论、经验或技巧，但对于经营来说，内心所必须具备的状态却没有一个地方可以学习。为此，1983 年，稻盛先生在日本创办了"盛和塾"（原名为"盛友会"，1989 年更名），为经营者提供一个学习经营哲学和具体经营方法的场所，向经营者塾生义务传授经营学。

"盛和塾"的办学方式，就是大家聚集一堂，坦诚交流。盛和塾的活动始终是义务举办的，后来扩展到中国、巴西和美国等国家。"盛和塾"刚成立时只有 25 名会员，截至 2019 年底，"盛和塾"在全世界已发展到 104 家分塾，塾生总数已达到 14 938 名。在稻盛先生 86 岁时，他对外宣布，在 2019 年末正式解散"盛和塾"的所有活动，但保留中国地区的"盛和塾"。

2022 年 8 月 24 日，稻盛先生逝世。在他去世之前，他彻底卸下了在京瓷、KDDI 和日本航空的一切工作，卸去稻盛财团理事长的职务，不再参加京都奖颁奖仪式，解散日本等地的"盛和塾"，把著作权转让给京瓷，等等。他早早就为自己的离世做好了物质和精神两方面的充分准备。去世后，他的家属依据他的临终嘱托，把遗体送往他生前修行过的圆福寺，葬礼也非常朴素，只有直系亲属等20多人参加。

回顾稻盛和夫的一生，在这一切的背后，是什么力量在驱动和帮助这个原本平凡的年轻人，使他在人生的关键路口都能做出正确的选择，使他始终保持正确的人生态度，最终成就伟业呢？这种力量就是信仰吧。

美国学者吉姆·柯林斯（Jim Collins）在其著作《从优秀到卓越》[19]（*Good to Great*）中把领导者的能力分为5个层次，第五级为最高级。第五级领导者是一个谦逊无私、尊重下属且具有顽强意志的领导者，能带领同仁勇往直前，实现最佳的组织绩效。他们最看重的是公司的成功，而不是个人的成就。他们都不爱抛头露面，保持低调；成功时他们给别人荣耀，失败时主动担责；选择极其优秀的继任者，让公司未来更成功。第五级领导者通过信念和爱（利他）来战胜恐惧并平衡个人欲望。第五级领导者能够为组织和他人的利益而放低自己，体现了爱和利他；同时，第五级领导者执着和勇敢，体现了他对未来愿景的信念。第五级领导力是企业从优秀变为卓越的必要条件。

在翻阅有关稻盛和夫的书籍时，我们不难看到，稻盛先生身上融合了各种宗教和哲学思想的影响。他从中总结出"利他"这一共性。青少年时期的稻盛，受到各种宗教信仰的滋养，也深深受惠于他人的利他行为。步入社会后，稻盛开始把利他思想运用于工作和生活中。与此同时，他不断学习各种宗教和哲学，在实践中对这些内容进行总结和提炼，最终构筑起了整个利他哲学的思想体系。"在我的人生中，我绝不左顾右盼，而是遵循'利他'之心，一心一意沿着自己相信的道路，笔直前行，义无反顾。"[20] 京瓷、KDDI 和日航，都是利他思想在商业领域成功实践的成果；"盛和塾"、京都奖、"大和之家"等，都是这种利他思想在社会领域成功实践的产物；而稻盛和夫本人家庭的幸福，则是这种利他思想在家庭生活中成功实践的结果。

"敬天爱人"，稻盛先生在经营和生活中，始终秉持用"作为人，何谓正确"这一判断基准来判断一切事物，这源自父母、老师等人朴素的言传身教。这一基本的判断基准，也成为后来构筑整个利他哲学体系的原点和根基。稻盛先生在后来的经营生涯中，始终秉持这一哲学信念乃至信仰，并将其视为自己成功和幸福的源泉。尽管这种哲学在表面上似乎与企业经营无关，但稻盛和夫坚信，追求正确的人生态度能够为企业经营确立明确的方向。他认为，经营是经营者人格的投影，因此，具备正确的做人判断基准才能在经营实践中发挥出最有效的作用。

　　对于生活在物质力量迅速崛起、信仰日渐消退的商业时代的人们，理解稻盛和夫的人生及其背后的精神内核，有着非同寻常的启示意义。在中国企业家的创业和企业经营过程中，尤其当我们深入挖掘企业的愿景和价值观时，时常会看到以自我利益为出发点的思想。要真正回归到以大爱和利他之心为核心的理念，还有很长的路要走。

　　稻盛先生至死利他，让人敬佩。他真正达到了王明阳所说的"知行合一"的境界。正如稻盛和夫先生在收官之作《心：稻盛和夫的一生嘱托》中所说："以美好的利他之心为社会、为世人倾注力量时，我们的人性就能得到磨炼，幸福感和充实感就会降临，我们的人生就有了更深的意义和更大的价值。"

　　虽然人生的道路各不相同，我们无法重复稻盛先生走过的路，但是，我们却可以和稻盛先生一样，将"利他"提升至信念、信仰的高度，用良知去判断我们人生中的每一件事，将我们每个人内心固有的"真善美"发挥到极致，最终成为真正的自己。稻盛哲学的实践，需要企业家自身的率先垂范。企业家要能实现个人突破，关键在于超越个人私利，将重心放在推动团队和社会的进步上。这就意味着要树立崇高的目标和坚定的价值观。有了虔诚的信仰，就会有执着的信念，就能产生坚定的信心，进而产生自我牺牲的勇气，才能持续做出问心无愧的正确判断，继而获得他人发自内心的尊敬和信任。

第2章 实嘉集团黄世伟：人无信不立，业无信不兴

我早期在新加坡国立大学时就特别关注东南亚华商的发展。对华人管理的研究也是从东南亚华商开始的。早期海外华人的发展具有独特的社会文化背景，他们大多白手起家，靠着自己的勤劳奋斗创造了财富和自己的企业王国，形成了一些家族企业。而且他们非常重视子女的教育，所以第二代、第三代都受过高等教育，接受西方管理的理念。但传统的儒家思想的家庭教育，也影响了华人企业的管理和价值观。儒家文化的特点是特别重视和谐和伦理，具有群体管理的特点，注重道德和礼治的方法，强调社会道德的规范，修己以安人。所以东南亚的华商，特别强调勤奋和诚信。我接触过许多东南亚华商，早期还参与了许多企业的项目发展，对于他们的企业家精神和为人处世，感到由衷的佩服，也请过这些华人企业家来中国演

讲。在这本书里，我特别想介绍来自印尼实嘉集团（Sekar Group）的创始人黄世伟先生。这位享有世界声誉的华裔商界领袖，历经 50 多年，从鱼虾收购的小生意起步，将实嘉集团发展成为拥有 2 万多名员工，涵盖食品、海产、地产、矿业等产业，拥有 2 家雅加达上市公司，销售规模达数十亿元人民币的大型集团。这一切的成就，与黄世伟先生以责任感为初心的"小爱"，以及他"人无信不立，业无信不兴"和"做事力求诚信，做人力求平衡"的人生信条密切相关。

更让我印象深刻的是他在 2014 年，在美国波士顿大学捐设了"黄世伟全球经济道德学院（Harry Susilo Institute for Ethics in a Global Economy）"，并担任联合主席，这是西方高等学府历史上首个以华人名字命名、以经济道德为核心的学院，被波士顿大学报道为"新时代下的新声音"。

"黄世伟对于领导守则的热诚，很自然地促成了一场关于设立以企业伦理为教学理念学院的对话。'黄世伟全球经济道德学院'也在对话后应运而生。这是一所能够培育正直企业人员，更能激发他们去影响周遭组织与伙伴的中心。通过精细的课程安排，

'黄世伟全球经济道德学院'也能将东西方企业文化
的文化差异进行融合。"

——罗伯特·布朗（Robert Brown），波士顿大学校长

后来，他又荣获了美国巴布森学院颁发的"全球杰出
家族企业荣誉奖章"[1]，成为自 1978 年以来第 113 位获此
荣誉奖章的人物，且是 2017 年度唯一一位获奖者。

黄世伟先生作为企业的精神领袖，其独特的道德领导
力，让他带领着企业从印尼走向世界舞台，为更多的人创
造了财富，向社会展现其"大爱"和富有责任感的正能
量，在华裔商界中享有世界声誉。

诚信经营的起步：实嘉集团的创立

1941 年，黄世伟出生在印度尼西亚的雅加达。他的父
亲黄友彬是来自中国福建省的一个渔民，母亲蔡美星是印
尼当地的第三代华人。1 年后，黄世伟随父母移居到泗水
一个名叫徐图利祖镇（Sidoarjo）的小渔村。全家人住在

---

[1]　美国巴布森学院自 1978 年开始颁发"全球杰出家族企业荣誉奖章"，每
年评选出 3～5 位获奖者。2017 年 3 月 24—26 日，巴布森学院全球家族企业论
坛在曼谷隆重举行，在隆重的颁奖晚会上，巴布森学院校长将 2017 年度的唯一
奖章颁给了黄世伟。

一个茅草屋里，家境非常贫寒。几年后，父母在路边租借了一间屋子，开始做一些家庭小食品（如虾片和饼干）。黄世伟 11 岁时开始上小学，在母亲的鼓励下，非常喜欢学习。1965 年，51 岁的父亲因高血压不幸中风，卧病在床，失去了劳动能力，当时最小的妹妹还不到 1 岁。作为家中长子，黄世伟毅然决然地中断了大学学业，与母亲肩负起照顾父亲和 10 个弟弟妹妹①的责任。正是在这段艰苦的岁月里，黄世伟被母亲乐于奉献的大爱精神所感染，懂得了责任和担当是人生最重要的事情。

1966 年，父亲的一位朋友从新加坡来探望他们，看到一家人生活得如此艰辛，便拿出一笔资金给黄世伟做生意。在父亲这位朋友的帮助下，黄世伟学会了本地新鲜鱼的包装及运输方法，同时创办了黄世伟（Harry Susilo）有限公司，开始经营自己的生意。那时，黄世伟和雇佣的 5 个帮手，每天傍晚时分等候在泗水的渔业码头，从渔民那里收购其捕回来的鱼，再乘 2 个多小时的车到租用的仓库。在那里，他们对鱼进行称重、清洗、加冰和包装，一直忙到凌晨 5 点，再将包装好的鱼送往泗水机场，以便赶上早上 7 点的航班去雅加达，进而转运到新加坡。这样日

---

① 家中 1 个妹妹不幸夭折，父亲卧病在床之年，最小的妹妹出生才 1 年。之后父亲虽然能够行走，但失去了劳动能力。

夜颠倒的工作状态一共持续了 2 年多，但是黄世伟从未向家人诉苦。他回忆并感慨道："当时印尼的经济很困难，刚刚实行较为开放的政策。我很高兴我能在那样的环境下抓住开源机会，有了一个顺利的起步。"

2 年后，黄世伟包装运送的鱼被前往印尼考察的日本跨国企业代表团发现。对方被放在机场的大量包装盒所吸引，遂依循上面的地址联系到了黄世伟。其中一位代表正是日本东绵公司（Toyo Menka）的菊池（Kikuchi）先生，他邀请黄世伟代理他们在印尼收购海虾并运输至雅加达。这次合作使得黄世伟的业务量和收入获得实质性增长，也让他第一次和日本企业开展了业务合作。随后 3 年，东绵公司提议出资让黄世伟建造冷冻房，而黄世伟担心自己无法承担投资可能带来的风险，没有立即接受对方的提议。然而，正是黄世伟这种踏踏实实办实业的精神增强了菊池先生对他的好感。对方经过 1 年多的说服与鼓励，带着印尼花旗银行法律部门的律师加尼·杰玛特（Gani Jemat）先生一起找到黄世伟，提出由东绵公司做担保，实行分期付款，并提供佣金和红利。这样的贷款优惠政策打消了黄世伟的顾虑。随后，双方决定建立 PT Sekar Bumi 公司，并立即投入建设，冷冻房于 1974 年正式开工生产。通过与日本跨国集团合作，黄世伟也学到了先进的企业管理理念和方法。

20 世纪 80 年代，除了提供海产品收购、冷冻加工和运输服务，实嘉集团的发展取得了又一个突破。1980 年，企业成为日本丸红株式会社（Marubeni Corporation）虾片半成品的供应商。但是，这对企业的整体生产能力和产品质量提出了更高的要求。为了满足发达国家的市场需求，实嘉集团引进了国外先进的加工设备，招聘并培训相应的研发、生产和检验人员，丸红株式会社亦提供了相应的生产机械。自此，实嘉集团虾片加工的规模不断提高。负责这一业务板块的 PT Sekar Laut 公司于 1993 年在股票交易所上市，现已涵盖工业、农业、贸易等板块，在虾片、酱油、香料等业务领域表现尤为出色，是印尼最大的虾饼生产企业，也是东南亚乃至世界最大的虾片供应商。

目前，实嘉集团实行多元化战略，以 FINNA 为商标，产品覆盖鱼片、蔬菜、腰果、酱料等海产和农产行业，种类达到上百种。作为食品生产商，黄世伟恪守诚信，一直坚持用天然、健康的原材料进行生产，力求保证产品的高品质。与此同时，实嘉集团还注重产品的研发，不断引进新的生产技术，推动生产工艺的改进和创新。在与跨国公司积极合作的同时，实嘉集团也逐渐成长为一家跨国公司，其产品出现在世界各国的餐厅、高级会所、大型超市和家庭餐桌上。此外，实嘉集团还布局了养殖、种植、饲料、物流、贸易、地产、旅游、镍矿加工等多元化领域。

企业发展与社会责任并行

在不断发展的同时，实嘉集团还关注企业生产对环境带来的影响。考虑到海水污染问题，实嘉集团在早期并没有涉足养殖业。随着海水过滤技术、虾苗品种改良技术的不断革新，企业开始买地养殖，扩大加工厂，以满足国际市场的需求。面对未来的生态环境问题，实嘉集团非常重视生态补偿，并采用先进的科技手段对合作区域的生态环境进行保护。

创立初期，为了推动农业、渔业和畜牧业的整体发展，实嘉集团联合印尼的民间力量创办合作社，以培养从事印尼食品加工的中小企业。此举有效地激活了当地的经济发展。除了实嘉集团为社会创造的 2.4 万余个就业岗位之外，这种合作社形式为社会间接创造出数十万个就业机会，这些农产品的出口还为印尼的外汇收入做出了贡献。在黄世伟的价值观中，只有整个行业得到发展，企业才能在良性的环境中永续存在并健康发展。

这种责任感也帮助实嘉集团顺利跨越了创业过程中的

一些障碍。在 20 世纪 70 年代中期开拓腰果业务时，实嘉集团遭受了很大的投资失误。当时，印尼有很多岛屿种植腰果，黄世伟看到公开报道称，印尼每年有加工需求的腰果达几万吨。根据这个预估，实嘉集团投资了加工腰果的大型机器设备。然而，投资后，他才发现实际的生产量根本没有达到这个规模。面对投资失败的现实，黄世伟没有选择放弃，而是与各岛屿的农民合作种植，向农民们免费提供种子，使他们的产量获得提升，生活水平得到提高，同时，实嘉集团的腰果加工量也大幅上升，从失利中走了出来。

在黄世伟的影响下，实嘉集团一直坚持推进企业社会活动，即使他退居幕后，企业依然每年投入大量资金进行各种社会活动，服务周边社区和社会。例如，对附近的学校进行捐献并为贫困学生提供奖学金；2014 年，印尼政府为保留和传承印尼国家食品标志——虾片的起源文化，特别委托实嘉集团，作为印尼国家食品标志的建设人，在徐图利祖镇的人民广场建造了虾片纪念塔。

"做事力求诚信，做人力求平衡"

"做事力求诚信，做人力求平衡"是黄世伟一生的座右铭，也是他一直秉持的为人处世的原则。而这一原则形成了黄世伟家族的一种风气，影响了几代人。

黄世伟虽然只有高中文凭，但是一直抚育弟妹们的成长，养育他们，教育他们，给他们读书，支持他们成亲，提供工作，培养提拔他们，使他们成为公司最高领导层。弟妹们都非常敬爱大哥大嫂。拿到美国南加利福尼亚大学工商管理学位的十弟黄锦锋这样评价自己的大哥："我与大哥相差 20 岁，在我看来他更像我的父亲。他鼓励我不断学习，对我们要求非常严格，要求我们必须讲诚信、心怀他人。我在很小的时候随他去新加坡出差，他便让我用英语与客户打电话，听到我说做不到的时候，大哥依然强制我去做，最后证明我可以做到。大哥的领导颇具权威，尤其在涉及原则和质量问题时。在钦佩大哥的同时，我必须要夸赞我的大嫂，她是促成大哥成功的那个人。"九弟黄俊强最佩服黄世伟对于职业道德的尊崇，感慨道："这些年来，他对我来说不仅是哥哥，还是我的导师、监护者和激励者。"

黄世伟对四位弟弟的严苛要求，也让弟弟们颇有"怨言"。十弟回忆当初刚加入企业的感受时说道："最受不了的是大哥如此拼命地工作，太拼命了，我当时是完全没办法七点就到企业的。"针对弟弟们不同的管理风格，黄世伟则想办法寻找一个折中的方案。黄世伟的二女婿陈毅威这样评价几位长辈："六叔和七叔的管理风格比较保守，而九叔和十叔就比较激进。我的岳父则通过沟通在他们中间达到平衡。"

在 20 世纪 90 年代印尼经济危机之时，负责金融投资业务的十弟黄锦锋，因为长期大量聘用职业经理人，且采取了激进的投资策略，使企业受到了重大损失，为此，他感到非常沮丧和懊悔。然而，令他感动的是："大哥非但没有生我的气，他还鼓励我，说我还年轻，一定可以做得更好。在大哥的影响下，其他哥哥也给了我许多鼓励。"危机之后，黄世伟改变了企业的决策流程，由原来的分散式决策变为集中决策，企业开始召开季度会议，并定期举行股东大会、董事会、职业经理人会议和家族会议。其中，家族会议每年至少有 3 次，每次进行 1～3 天，平时大约有 30 人参加，年底时参加人数达到 80 人。

如今，家族三代有 40 余人，难免有矛盾发生，但黄世伟夫妇都能用智慧和幽默来化解。"我遵循信仰，我们做人，是盐，是光。盐在生活中是最普通但却是必不可少的，盐能调味，必先溶解，所以要先溶解自己、舍弃自己，才能成为别人的祝福。光是我们的见证，光能照耀和指引，我们做事做人，都应该给别人光明，能照亮在黑暗中的人。"

企业教父："仁德为重、品质为先、诚信为本、创新为优"

"仁德为重、品质为先、诚信为本、创新为优"是实嘉集团的企业文化，这 16 个字寄托着黄世伟对后代的期望，希望他们能够铭记历史、饮水思源、传承文化，将"从无到有、从有到强、自强不息"的精神发扬光大，一代更比一代强。黄世伟要求所有后代必须铭记企业文化和历史，并将它作为后代服务于实嘉集团的第一要求。

在实嘉集团，黄世伟非常强调家族成员和外部专业人士的配合。在创业早期，黄世伟就建立了与日本东绵公司、日本丸红株式会社、日本 Chubushiyo 中部饲料株式会社、韩国乐天等跨国公司的合作，并从中学习到先进的管理经验。在经营中从不同国家聘请专业人士，和自己的第二代相配合，形成循环。黄世伟很清楚，一个家族企业如果只有家族成员，那就一定会限制自己的发展；如果全部是外部专业人士，家族传承也会面临问题。因此，二者必须取得平衡。目前，企业的董事会中有超过半数的人员都是外部的职业经理人。在他的带领下，实嘉集团不仅给员工提供良好的福利和运动设施，还非常重视给员工提供培训和学习深造的机会，同时实施各种激励措施和鼓励制度，让员工在实嘉集团找到归属感和价值感。同时，黄世伟还乐于奖掖后进，提拔有才华的年轻人。这一切，不仅让员工得到了实现人生梦想和价值的机会，也使实嘉集团一直保持着年轻的活力和创造力，能够更好地迎战未来，达到一种相互促进的良性循环。

2012 年 12 月 12 日 12 时，黄世伟带领 12 位实嘉集团年轻团队的代表，签下律师合约，准备培养他们成为公司未来发展的中流砥柱。他们从志愿者做起，随后在集团各个相关岗位轮岗，直到找到合适的岗位。在实嘉集团的年轻队伍中，不乏国际顶尖大学的优秀毕业生。黄世伟非常注重员工的品质和责任感，并且从来没有停止过个人的学习和提高。黄世伟常常和年轻团队分享自己的故事和经历，教导他们牢记企业的文化和肩上的责任，积极应对时代的变化，善于把握机遇，诚信经营。

为实现基业长青，黄世伟制定了三项原则。第一，必须采取家族人员和专业人士相结合的方式来运营集团，避免只由家族成员或专业人士单一运营而产生的弊端。第二，每一个接班人都要饮水思源，无论是家族成员，还是外来专业人才，必须铭记企业的历史和文化：历史是企业的精神灵魂，没有企业的灵魂，企业就没有未来的发展；

文化是企业的指南针，没有企业的文化，企业就没有了航向。第三，幸福不在于不劳而获，而在于勇于坚持。后一辈如果只享受、摊分前辈的功劳，那就会陷入"富不过三代"的局面，每一代都要有梦想，都要有毅力，勇于坚持，生活的精彩是自己规划的。

取之于社会，用之于社会

黄世伟最初的目标是用优裕的生活报答母亲的爱，但随着自身的成长和企业的发展，这种对家人的"小爱"渐渐转化为对整个社会的"大爱"。即便退休之后，黄世伟也不忘为社会做一些力所能及的事情。

社会责任无国界

他对社会的关注和奉献，得到了各界的一致好评，先后两次荣获印尼总统颁发的 UPA KARTI 奖杯和"UPAPRADANA 奖杯"（奉献、保存、领导、关怀和现代中小型企业合作的"合作先锋"奖杯），并连续 4 年获得印尼政府颁发的最高荣誉奖状。他多次赞助新加坡印度人发展协会（Singapore Indian Development Association）。同时也作为赞助方投资建设了新加坡武吉知马的养老中心。新加坡共和国前总统纳丹（S. R. Nathan）这样评价黄世伟："生于印尼的一个贫困的华裔家庭，他以坚毅不懈、诚恳及对于市场的精准目光来打造自己。如此的生活经验及'取之于社会，用之于社会'的理念，让他成为现今的慈善家。"

流着华人血液的黄世伟还积极投身于印中两国政府的和平交流。1985 年，中国和印尼恢复了两国中断近 20 年的直接贸易，黄世伟曾参与两国交流对话，遂被选为促进印尼与中国复交小组理事。1995 年，黄世伟被任命为印中经济、社会、文化交流协会的顾问。2004 年，黄世伟在北京语言大学创建"世伟金融实验室"，并受聘为顾问教授，极大地促进了北京语言大学金融专业的蓬勃发展。2008 年，得知汶川大地震之后，黄世伟立即拿出一笔捐款。国际奥林匹克运动会在北京举办期间，黄世伟作为海外华侨，倾力参与了"水立方"的捐建。2009 年，黄世伟受聘担任中国海外交流协会理事，继续为两国海外交流贡献才智与力量。2015 年，黄世伟被选为 100 位在世界舞台光耀中华形象的华商领袖。同年，新加坡建国 50 周年，黄世伟荣获新加坡总统颁赐的新加坡公共服务奖章（PBM）[①]。

---

① 新加坡公共服务奖章（Pingat Bakti Masyaraka 或 Public Service Medal）自 1973 年创立，在新加坡荣誉制度中位列居第 15 级（共 17 级），高级奖章均由总统颁发。

推动全球经济道德发展

2014 年，黄世伟经过深思熟虑，接受了波士顿大学的邀请，在参与捐赠波士顿大学的管理学院大楼之后，捐设"黄世伟全球经济道德学院"。2014 年 3 月 29 日，波士顿大学在其百年庆典中在北京人民大会堂金色大厅隆重宣布了黄世伟的这一义举。黄世伟与波士顿大学管理学院院长肯尼思·弗里曼（Kenneth Freeman）教授共同出任全球经济道德学院的联合主席，并倾尽全力推动这个计划。经济道德学院的课程是管理学院每一位入校学生的"必修课"，每年在美国和亚洲轮流举办全球经济道德学院的高峰论坛，为全球范围内的道德教育与建设尽一份心力。

黄世伟接受波士顿大学该项邀请的一部分原因是他与波士顿大学的创始人艾萨克·里奇（Issac Rich）有着相似的人生经历，两人出身都非常贫寒，但都拥有创业的决心和对事情的执着，崇尚教育，并希望通过教育的力量来建设美好的明天。此外，黄世伟的两个女儿，黄丽婷和黄丽园都曾求学于波士顿大学，黄世伟受任为波士顿大学的国际顾问，他与两任校长在人才培养和对金融危机的成因理念上都不谋而合。2012 年，肯尼思·弗里曼教授在全球拜访学校的国际顾问，征询在新时代下如何增强学校的竞争力。当他来到新加坡拜访黄先生时，他问道："在世界优秀大学竞争不断加剧的背景下，波士顿大学应该再增加一些什么样的课程，才能继续提升实力？"黄世伟先生思考之后回答："现在的社会，竞争无处不在——市场、金融、政治、宗教都存在着竞争。我认为，现在的社会最需要的是经济道德的理念。"肯尼思·弗里曼教授完成全球征询回到波士顿大学后，经过学校董事会的研究讨论，决定在众多的意见中采纳黄世伟的提议。2013年3月，波士顿大学正式向黄世伟提出一个跨世纪的捐设建议书，提议以黄世伟的名字来命名建立全球经济道德学院。

黄世伟认为，全球经济道德学院的宗旨，是为全球经济带来正面影响。他说道："如果我们祈盼一个可持续发展的经济环境，就得建立重视经济道德的良性循环体系。"

道德领导力的实践家

黄世伟一直相信自己当初创业能得到他人帮助，是因为自己诚信待人。而这份信念也一直支撑着他往后的事业发展，直到捐款成立全球经济道德学院倡导商业道德理念。

道德领导力（moral leadership）由学者米歇尔·E.布朗（Michael E. Brown）和琳达·特维诺（Linda Trevino）提出，是指在个人行为及人际关系中表现出规范性的、适当性的行为，并通过双向沟通、巩固和决策等方式，在其追随者中促进这种行为。一个有道德的人和有道德的领导是不同的，有道德的人更关注的是对自身的要求，而有道德的管理者需要将自身的道德价值观置于企业的核心地位，推动企业实现道德使命。一般而言，道德型管理者以双向沟通的方式和以身作则影响他人，并在管理中建立道德标准，奖励道德行为，惩罚不道德行为，促进决策的公平性。有道德的领导者通常会考虑其决策所产生的道德性结果，并选择那些可以被观察和模仿、符合原则的、公平的决策行为。总体来说，道德型管理者体现的道德领导力，包含高度的诚实、决策的公平性、关爱他人，利用奖惩促进道德行为，基于建立的道德价值观做出决策。

道德领导力关注领导者在决策、行动、影响他人的过程中如何使用其社会权利。道德型领导者具有双重角色，即道德的人（moral person）和道德的管理者（moral manager）。道德领导力的核心在于将"道德"置于组织机构的核心地位，并使其推动企业实现其使命。道德领导力在企业领导者引导企业道德行为中所扮演的角色，特别是在华人企业中日益凸显，引导企业迈向基业长青。

道德型领导的内涵

基于以上的阐释，道德领导力的内涵包括：诚实，决策的公平性，体谅追随者，利用奖惩促进道德行为，基于道德价值观做出决策[21]。黄世伟的道德领导力体现在以下方面：

恪守诚信。第一，作为食品生产商，黄世伟恪守诚信，一直坚持用天然、健康的原材料进行生产，力求保证产品的高品质。第二，对于后代，更是在涉及原则和质量的问题上面非常严格。第三，体现企业文化的 16 个字中，"品质为先，诚信为本"更是体现了黄世伟对自己、对后人、对企业的要求。第四，"做事力求诚信，做人力求平衡"是黄世伟一生的座右铭，也是他一直秉持的为人处世的原则。"人无信不立，业无信不兴"也是他将个人的行为规范印刻在实嘉集团的例证。

关心他人。黄世伟作为家中长子，在父亲失去劳动能力的情况下，毅然肩负起照顾家庭的责任，孝敬母亲，照顾着弟妹及其子女们。这种关心包括物质和精神两部分，不仅给予他们丰裕的生活条件，珍贵的礼物，而且积极支持他们的教育和事业。

注重公平。对于二代，黄世伟给予所有家人自由选择的权利，在这种情况下有四位弟弟加入企业。为了保证公平，黄世伟在 1998 年退休之后将自己所持有的股权的 50% 均分给四个弟弟。通过案例附录的组织结构图也可以看出，四个弟弟在两家上市公司都起到了重要作用。对于子女，两个女儿也分别担任两家上市公司的监事会主席。对于集团内部，在整个家族企业的治理中，坚持做到家族成员和外部职业经理人的公平设置，如案例所提到的，企业董事会成员中，职业经理人超过半数。

建立道德标准。黄世伟对所有后代的第一要求是，必须铭记企业文化和历史。在他的带领下，实嘉集团重视给员工提供培训和学习深造的机会，同时实施各种激励措施和鼓励制度，让员工在实嘉集团找到归属感和价值感。为了基业长青，黄世伟制定的三项原则提到要勇于坚持，鼓励后代用生命创造精彩的生活，而不是坐享其成。黄世伟一直坚持将这些美德传递给下一代。

双向沟通。对于二代①，黄世伟鼓励弟弟们有不同的管理风格，如二女婿所言，黄世伟先生会通过有效沟通在其中找到平衡。对于三代，黄世伟和女儿有着不同的思维方式，前者更偏向于中庸的东方文化，而后者则受到西方文化的影响，但是他们很享受正面的"辩论"。为了支持企业年轻团队的发展，实嘉集团正在筹备一个支持基金。例如，在不与家族企业竞争的前提下，三代可以创立公

---

① 因黄世伟与十位弟弟妹妹年龄相差较大，长兄为父，因此，在黄世伟家族事业接班中，"二代"是指十位弟妹，"三代"是指黄世伟的女儿们这一代。

司，并申请实嘉集团的注资，抑或由实嘉集团做初始评估，投资成立某公司。

有效决策。作为领导，黄世伟给予追随者足够的话语权。在经济危机之前，实嘉集团实行的是分散式决策，四个弟弟各负责一块业务，进行决策；在经济危机之后，黄世伟一方面鼓励失误的十弟，另一方面将集团的决策形式改为集中决策，通过召开季度会议并定期召开股东大会、董事会、职业经理人会议和家族会议的形式，来进行有效沟通，做出企业决策。对于三代，尚无人持股的他们有一个委员会，可以事先讨论某一项决策，然后提交给由黄世伟及其四位弟弟组成的股东会加以最终决策。

真正的富有

黄世伟先生拥有华人血统，能够将道德领导力发挥到极致，他的道德型领导能够正向影响家族后代及企业员工。黄世伟先生作为家族的家长，他对家族后代最重要的影响不是物质，而是爱。他要求他们成为一个关爱社会的人，影响家族每一个人积极投身社会公益。作为实嘉集团的创始人和掌舵者，他注重德行在企业文化中的作用，并将"德行为重"视为企业文化的重要组成部分。作为一个慈善家，他对社会充满了大爱，比如多次赞助公益事业。最重要的是他作为一个极具道德高度的思想者，秉持自己对于道德诚信的深刻理解，在将其融入商业价值观、带领企业前行的同时，更赢得了美国波士顿大学的邀请，捐建波士顿大学"黄世伟全球经济道德学院"，向全世界发出东西方道德价值融合的新声音，积极推动全球经济道德发展。

2021年黄先生80岁生日时，他曾感慨道："回首我80年的人生历程，什么是成功？创办人的成功不是真正的成功。能够把企业传到代代相传的时候，才是真正的成功。什么才是真正的富有？别人需要我，那才是真正的富有。一个人不管有多少钱财，如果别人不需要他，那就等于毫无所有。真正的富有，有着深深怀念的过往，有着奋斗和关爱的足迹。所以我希望，各界人士能够树立更好的榜样，为和平、为稳定、为幸福、为社会做出更大的贡献，让明天的世界更美好！"

第3章 爱彼钟表："根植传统、前瞻未来"的匠心精神

小时候曾经看过一个手表广告，广告词特别浪漫："不在乎天长地久，只在乎曾经拥有。"到现在我依旧觉得手表代表的是浪漫的爱情。最近认识了瑞士名表爱彼集团（Audemars Piguet）副董事长奥利维耶·奥德马尔（Olivier Audemars）先生，这位爱彼家族的第四代，带着几乎是信仰的语气，娓娓道出了手表背后的浪漫情怀。

爱彼是两位年轻有为的钟表师朱尔·路易·奥德马尔和爱德华·奥古斯特·皮盖，在一个瑞士山谷的布拉苏丝小镇（Le Brassus）于1875年共同创立的。瑞士汝山谷（Vallée de Joux）每年有长达8个月的漫长寒冬，当地人通过专心制作钟表零件以维持生计，于是汝山谷渐渐发展成为复杂功能时计制作的核心地区。对复杂工艺的钻研和执着也早已融入这两个家族祖先的血液中。

　　130 多年的发展史中，爱彼家族也曾经经历过行业的低谷期。20 世纪 70 年代以前，瑞士生产的各类钟表占了世界钟表总量的 2/3，瑞士制表业是绝对的行业领头羊。生产高峰时，大约有 1 500 家公司雇佣近 9 万名员工生产各类机械表。后来日本的石英危机①使得整个瑞士表业几乎灭顶，许多钟表公司遭遇破产或被收购重组。现在瑞士每年大约生产 3 000 万块钟表，只占全世界钟表制造量的 2％左右。但按价值计算，瑞士钟表却占世界名贵钟表高达 50％以上的份额。在全球售出的 1 000 瑞郎（约合人民币 8 000 元）以上的手表中，95％都是瑞士制造。斯沃琪（Swatch）集团、历峰（Richemont）集团、劳力士（Rolex）集团、LVMH 集团，开云（Kering）集团几乎控制了整个瑞士制表业。产量少，却拥有着无比的高附加值，标志着瑞士钟表的涅槃重生。爱彼集团经历了四代人的更迭，不仅很好地保留了这个品牌，还带它走向了世界。

　　奥利维耶坦言，作为一个诞生在山谷中小村庄的品牌，想要走出山谷，走向世界，就必须学会与世界各地不

---

　　①　"石英危机（quartz crisis）"是指 20 世纪 70 年代到 80 年代由于石英钟表的发明与传播而引发的世界性钟表产业结构巨变。石英钟表在世界范围内大量替代了传统的机械钟表，对以生产机械钟表为基础的瑞士钟表行业造成了巨大冲击。

同的文化进行交流。爱彼坚定不移地坚持手工打磨每一个零件，并将复杂的工艺内化为一种艺术精神，并加以传承，是这个古老家族企业至今仍保持活力的秘诀。很难想象，爱彼皇家橡树系列大复杂功能（grand complex）表就是由 4 800 个零部件组成，每一个零部件都由制表师手工打磨而成，彼此精密配合。一款腕表耗时几年才能完成是常见之事，这已经不是制造工艺，而是一门艺术。把艺术和美学注入钟表的设计与制造，融入制表师的心血与情感，每一款表其实都是一件件精雕细琢的艺术品。

一切始于汝山谷

在我们的演讲活动现场，奥利维耶双手端着一块精巧的木片，让听众聆听木片发出的声音。"我想展示的是木头。它来自汝山谷，这里的木材有一些特殊的品质，被称为小提琴木材。这种木材生长十分缓慢。天气必须非常寒冷，这样它们才有异常坚固的结构。这也是瑞士的天气，极其漫长的冬天，年平均气温低于 5℃。"

奥利维耶将爱彼的发源地汝山谷的故事娓娓道来。汝山谷坐落在日内瓦北部侏罗山脉（Jura Mountains），以崎岖峻秀、令人赞叹的景色而闻名。在这个与世隔绝的小世界中，汝山谷周边布满古老矿石和能造就小提琴妙曼声音的珍贵木种，每年长达 8 个月的漫长冬季，造就了汝山谷人灵巧、耐心、冷静的优秀特质。"由于下雪，你必须待在房间里 5～6 个月。于是人们开始使用更加复杂的机械来制造手表。现在你可以这样说，这种类型的资源和大量的时间建立了复杂手表行业。"

18 世纪末期，汝山谷的农民便利用冬季农闲时间开始腕表的手工制作。他们将农庄楼上采光好的房间改造成高级制表工坊，专门用来制作腕表部件，包括齿轮、夹板、发条、半宝石、小齿轮以及各种专业部件，并进行组装。在汝山谷形成了一个关系密切的家庭手工合作网络，孕育出史上最复杂精美的时计。汝山谷是爱彼的发源地，也是瑞士高级制表业的摇篮。

到 19 世纪末，对于这些从小就熟悉他们父辈手艺的年轻人来说，在与父亲的交流中，儿子只从实用角度学到了制表技艺的一部分，家族内部的技艺传授仍然是有缺陷的。为了使汝山谷钟表制造的精湛技艺得以世代传承，年轻的手艺人需要接受一种兼具理论和实践的更为广泛和全面的培训，才有可能将一整块腕表所有部件的制造技艺全部掌握。于是勒桑蒂耶（Le Sentier）地区诞生了汝山谷钟表学校，之后又更名为"汝山谷技术学校"。1901 年，学校招收了第一批 24 名学生，在 4 年内为他们提供兼具理论与实践的全方位教育。数年后，学校不仅教授给学生高级制表技艺的方方面面，而且还开发了某些引领制表革新的研究项目，特别是定时器领域。如今这所学校是汝山谷钟表制造业传统的关键性媒介，被认为是在复杂功能表制造领域提供最好教育的钟表学校。

"他们知道森林需要得到照顾。这些树需要 10～20 年才能生长。瑞士人做的事情总是不仅有利于自己，而且有利于下一代，这里的人们总是着眼长远。这里有两个主要成果，分别是音乐木和极其复杂的手表制造。"奥利维耶自豪地说道。

1875 年两名钟表工匠的携手故事

"现在您可以看到皮盖（Piguet）家族，他们可能是在 1264 年抵达山谷的第一个家族。奥德马尔（Audemar）家族是来自法国的原住民，其中不乏手艺人。我叫奥利维耶·奥德马尔，但我是在皮盖家族中长大的，因为公司的联合创始人是我的曾曾祖父。"爱彼集团是手表行业中唯一一家仍由家族拥有的上市公司，由皮盖家族和奥德马尔家族共同创立和延续管理。

1868 年，来自钟表世家的朱尔·路易·奥德马尔在奥德马尔家族农场附近的一幢楼房顶楼里，开设了一间复杂钟表机芯制造工作坊。比起他岳父提供的在吉梅尔（Gimel）的一间设备精良的工作坊，他宁愿选择重回故乡。在布拉苏丝小镇，专长于机械钟表传动装置的父亲从小就开始培养他。作为一个出色的工艺师，他是一位能在机芯完成出品前执行检查、修改和调校机械装置的高水平钟表匠。他开业不久就接到了大量订单，尤其是来自日内瓦钟表店的订单。为了寻求帮助，他求助于汝山谷的几位钟表匠。其中一位叫爱德华·奥古斯特·皮盖，也来自钟表世家。这两个年轻人从小相识，并修习了极其相似的课程。从此，两位钟表业的杰出青年开始了合作。

1875 年，这两位才华横溢的年轻制表工匠，22 岁的朱尔·路易·奥德马尔和 24 岁的爱德华·奥古斯特·皮盖在瑞士汝山谷的布拉苏丝，携手合作创立了爱彼。他们在祖居内开辟出一间小作坊，注册了商标，签署了为期 10 年的联营合同。爱彼的标识 AP，由两位创始人姓的第一个字母"A"和"P"组成。公司成立之初，由朱尔负责企业管理和技术方面，爱德华负责财务和商务，这种分工一代代地延续了下来。两位年轻人确定公司的发展目标是"复杂功能钟表的制作和商业化"，在汝山谷完全独立的环境中维护和传承着精湛制表工艺，并专注于复杂功能机芯和时计的研发，自此以后爱彼坚守这条发展路线，精益求精，奥德马尔和皮盖的后人代代相传，一直延续至今。

在批量生产时代坚持手工制作

"19 世纪末，来自美国的钟表业发生了巨大的变革，他们将钟表制造工厂工业化。虽然这种趋势也来到了欧洲，但这是我们不愿意选择的。瑞士人决定继续使用手工手表。"朱尔和爱德华是两位雄心勃勃的年轻制表师，他们在汝山谷接受了专业的训练，并致力于制造腕表中最精巧的部分。在钟表厂成立之初，两位创始人已经决定不再作为钟表厂的零件供应商，而是研制完整钟表。他们不追求大规模的批量生产，也相信汝山谷工匠们的实力，并笃定自己的信念，共同决定将重点放在创造高品质、精确度极高的手工制表工艺上。

在当钟表制造业面临工业化和机械化的浪潮时，他们依旧坚定地选择了保持手工制作的传统，将重点放在对每个细节的雕琢和调整上。他们以精湛的工艺、卓越的品质和创新的设计著称，逐渐在钟表业树立起声誉。两位创业者先是自行生产复杂机械机芯，出售给总部设在日内瓦的腕表公司，随之很快便通过协调当地不同工匠的业务，组织复杂腕表的生产，购买坯料、表壳、表盘、表带，随后再送交专业人士镶嵌和装饰。机芯的微型化、设计、组装和镶嵌都在爱彼的工作台上完成。"对于爱彼公司来说，这一选择意味着通过保持独立性，为公司工作的所有员工都有机会过上美好的生活。"

根据爱彼的账目档案资料，爱彼在 1882—1892 年生产的约 1600 枚腕表中，将近 80％的腕表至少包含一项或多项复杂功能。尤其是问表功能和计时秒表。在问表功能领域，1891 年爱彼生产了世界上最小的三问功能机芯（18.05 毫米），而这项纪录直到 30 年后才被打破。对零件微型化的努力在计时秒表方面同样有所体现。1886 年，爱彼成功研制出了前所未有的最小计时秒表机芯 2855，直径只有 22.56 毫米。这种微型腕表迎来了钟表制造业的第二次飞跃——圆柱形擒纵轮。

手工组装完成的精致报时、计时和天文腕表，自此以后构成了爱彼的核心业务。通过坚持手工制作，爱彼品牌成功地打造出了一系列受人赞赏的钟表作品。他们的钟表在外观设计和机械构造上独树一帜，成为奢侈品市场中备受追捧的品牌之一。即使在现代钟表制造业普遍采用机械化和自动化生产的时代，爱彼仍然保持着手工制作的传

统，他们的钟表依然由熟练的工匠亲手打造，确保每一件
作品的精确度和品质。他们的故事展示了对传统工艺的执
着和对卓越品质的追求，这种坚持和精神使得爱彼成为钟
表行业的翘楚之一。

走出小山谷，非凡成于天下

"我的祖父保罗·爱德华·皮盖（Paul Edward
Piguet）总爱跟我说有关手表厂的故事。对他来说，公司
不属于任何人，而是这个地区本身。他的使命就是要确保
公司继续留守山谷，世代相传。他说他最大的梦想是让世
界走进山谷，让山谷走向世界。"

爱彼植根于汝山谷，同时通过文化交流和经销网络与
广阔的世界沟通联系，促进制表厂逐年稳步发展。从 1885
年起，爱彼在日内瓦莫拉德（Molard）广场 13 号开设了
一家分店。1889 年，凭借 10 名员工，爱彼成了沃州第三
大雇主。在同一年，朱尔·路易斯·奥德马尔和爱德华·
奥古斯特·皮盖参加了万国博览会，展出了各种不同的复
杂功能表。通过这次展会，爱彼建立起了外部联系，开启
了钟表由代理商代理销售的模式，除了从 1888 年开始在
伦敦及巴黎授权代理外，又发展到了柏林、纽约、巴黎以

及布宜诺斯艾利斯等地。

1918 年至 1919 年间，两位创始人在几个月内相继去世。此时爱彼已经拥有 20 多个合作商。1907 年，爱彼扩大工厂，在最早的车间邻近的一块地上建造了一幢楼。朱尔·路易·奥德马尔的儿子保罗·路易·奥德马尔（Paul Louis Audemars）接管了公司，成了爱彼的董事会主席及技术经理，一直到 1959 年；爱德华·奥古斯特·皮盖的儿子保罗·爱德华·皮盖成了商务经理，直到 1962 年。

受到第一次世界大战及之后 20 世纪 30 年代经济危机的影响，特别是在美国大萧条时期，零售合作商破产，爱彼 1 年只卖出 1 块手表，一度要被逼至崩溃的边缘。尽管如此，爱彼的第二代钟表人仍旧追求卓越的钟表技艺并拓宽国际化发展道路。一些著名的名牌比如卡地亚（Cartier）、蒂芙尼（Tiffany）或古宝琳（Gubelin）之类，指定在表盘上留下自己的品牌名，同时，爱彼也向一些大的品牌钟表商出售简单的或复杂的机芯，如宝玑（Breguet）、百达翡丽（Patek Philippe）、江诗丹顿（Vacheron Constantin）、伯爵（Piaget）等。

在战后不久，爱彼迎来发展的繁荣时期，爱彼也进入家族第三代传人雅克·路易·奥德马尔（Jacques Louis Audemars）的领导。爱彼开发出令人瞩目的超薄腕表系列，这些腕表成为公司实现巨大飞跃的推动力。特别是 20 世纪 70 年代，石英危机使得整个瑞士制表业几乎遭遇灭顶之灾，多数公司或破产或被重组收购，但爱彼皇家橡树腕表（Royal Oak）的诞生，使爱彼毫无阻碍地克服了石英危机，并再次扩大了其领地。1987 年之后，爱彼在职业经理人的管理推动下，通过巩固工业生产方式，真正转变成自己生产几乎半数机芯的公司。得益于诸如阿灵基（Alinghi）等极具声望的合作伙伴，爱彼发展了品牌的国际形象，也维护了品牌在钟表界的地位。

"我的祖父告诉我，放弃公司，从来都不是刻在我们基因里的选择。"奥利维耶解释道。2017 年，当中国市场蓬勃发展时，各大钟表品牌都在涌入中国市场。"我们也会进入中国市场，2016 年，我们也在上海举办了一个大型展览。但是我们仍然在美国、欧洲做出了很大的努力，所以，我们永远不会把所有鸡蛋放在同一个篮子里。"

坚持精良工艺的传统

爱彼一直坚守着品牌发源地汝山谷，可以说这里的每一棵树木、每一粒矿石都寄托着经营者家族的深厚情感。在爱彼家族看来，汝山谷所秉承的传统和卓越不仅是前工业化时代工匠们佩戴的荣誉勋章，也可以适用于今天的产品定位和品牌理念。在尝试过各种各样的营销策略之后，爱彼最终把产品定位为源于悠久的历史。拥有悠久制表历史和对精良制表技艺的传承，一直是瑞士顶级制表基地汝山谷的发展源泉和保持常盛不衰的秘密，也是爱彼长期以来的核心工作之一。

钟表技艺，一部分是传承而来，另一部分则通过学习和实践获得。"师徒制"这一独特教授关系是爱彼品牌技艺传承的关键方式，它以高品质的教学质量和严格著称并闻名全球。爱彼为培养年轻的钟表师制定了一套严苛的程序。在众多候选人中每次只有 15 位进入爱彼的钟表学校，从头学习制表的基本技术。其中，年轻的学员在爱彼的厂房学习 3 年与将来从业相关的实用制表技术；热爱制表技艺并希望从事该行业的成年人则在此学习 18 个月。学员们要正式成为表厂的一员还需要到相关工作坊学习 2 年。

爱彼是制表传统复杂工艺的守护者，坚持以"专业手工定制"来打造精致作品。爱彼在每一款钟表背后刻上制造者的名字，以示负责保证。即使当零件已经停产 20 年，只要查询保存下来的制造数据，爱彼表厂仍可以为客户修护，达到品质世代保证的目的。

同时，这里延续着一个传统，为了打造他们自己的钟表，手工业者需要学习如何制造必要的成套工具。而这个传统在汝山谷一直延续着，无论钟表匠负责哪个专业，都要设计、制造和保养各式工具。

出于对品牌历史的尊重，爱彼在 1990 年重新回购了两位创始人创建表厂的原址楼房，并将它改建成一个私立的制表博物馆，展现钟表业开发以来的完整历史。博物馆于 1992 年正式开幕，馆内展示了品牌收藏的钟表珍品，包括两位创始人亲手制作并佩戴的复杂功能腕表，也包括品牌成立以来所制作的一系列经典尊贵表款的样品。博物馆内既有爱彼的众多名表，也收藏了山谷制表历史上其他表厂的特色作品。博物馆展示了爱彼所秉承的汝山谷制表传统，也是瑞士高级制表业，尤其是复杂功能腕表的摇篮。

谈到博物馆，奥利维耶认为："下一阶段是将人们带到山谷并让他们了解制表业。我们希望在手表制造商和客户之间建立联系。我们希望每位制表师都为自己的工作感到无比自豪。我们希望客人能够了解他们所购买的商品、文化和情感部分。"

大胆创新与追求卓越

"值得一提的是，创新精神是我们企业长久生存的关键。"奥利维耶自豪地说。爱彼品牌最显著的特征在于大胆创新和追求卓越，这使爱彼品牌具有较高的市场认可度。例如，现在腕表的佩戴方式到 20 世纪 30 年代才开始流行起来，爱彼在 1905 年开始推出款式风格多样的小型腕表系列并因此声名远扬，成为制作小型复杂腕表的主要表厂。

爱彼品牌非凡的创造力不仅体现在机芯研发上，在钟表走时精准度方面，爱彼也勇于进取，此外，还包括腕表创新和润饰，外形和材质的和谐搭配，以及机械设计等方面。凭借着本身的创新精神，爱彼集中制造复杂表，并进行连串策略性的市场推广，令爱彼表成为当今世界上拥有最多复杂表发明纪录的品牌。

20 世纪 70 年代，当日本制造的石英表涌入市场时，传统机械表受到了极大的冲击。世界上第一款带有八角形表圈的皇家橡树系列于 1972 年推出。"这是我们将传统与现代技术相结合的地方。这表明我们可以将原材料转化为艺术品，变成真正珍贵的东西。"奥利维耶认为，这款用制表技艺打造的精钢材质运动腕表，打破了钟表业墨守的成规，是对传统制表观念和美学理念的革命性创新。这也是瑞士钟表业在 20 世纪 70 年代后如何改变自己的方式。事实上，今天，瑞士在全球手表市场的出口量不到 2%，但价值超过了 55%。这些手工制作的手表不仅用来衡量时间，同时也是有价值的艺术品。如今，爱彼已成为复杂功能腕表业及创新和高精密钟表业的领导者，其涉足的领域不仅限于传统复杂功能腕表，还包括研发新功能和新机械装置，运用钟表领域的革新材料，以及采用创新生产方式等。

奥利维耶也花了大量的时间讲解爱彼的艺术项目。奥利维耶坦言，一个诞生在山谷中小村庄的品牌要走出山谷，走向世界，就必须学会与世界各地不同的文化进行交流。近年来，爱彼迈开了创新的脚步，通过跨界行为，将顶尖钟表业与当代艺术相结合。爱彼于 2013 年宣布进军视觉艺术，在整体视觉艺术的领域中选择合作对象，如巴塞尔艺术展（Art Basel），在高级制表业与艺术家之间开始了新的交流。2015 年推出爱彼艺术创作委托计划，每年支持一位新晋的或处于职业中期的艺术家，来创作一件从视觉和概念上强调复杂性、精确性和创造性的重要当代艺术作品，展现高级钟表传统与精工制表技术给当代艺术创作带来的灵感。

"通过与当代艺术家的密切合作，爱彼得以借由他们的敏锐眼力，从不同角度重新觉察自身的工作与生活。这促使我们对爱彼的存在意义有了崭新的理解，也从内到外改变了我们对品牌价值理念的传达方式。由此看来，当代艺术家正帮助我们发展成一个更能够在快速变动的世界中迎接挑战的企业，这是我们投入艺术领域之后意外获得的宝贵成果。"奥利维耶阐述说，"公司的财务报告只是给你一个方面，另一个重要方面是艺术视角。我们为下一代做好准备是非常重要的。"爱彼始终善于在艺术、建筑和科学等不同领域寻找灵感，并与巴黎的卡地亚和纽约的蒂芙尼等全球知名设计师和零售商建立了持久的合作关系。

爱彼家族的社会情感财富

社会情感财富（social emotional wealth，SEW）来自美国亚利桑那州立大学商学院院长路易斯·戈麦斯-梅希亚（Luis Gomez-Mejia）在 2007 年对西班牙 1 200 多家家族企业的决策行为研究，他提出，家族企业在拥有经济财富以外还拥有非物质财富，即社会情感财富[22]。社会情感财富是家族企业本质上区别于其他企业组织形式的最重要特征。社会情感财富是指家族凭借其所有者、决策者和管理者的身份从家族企业获得的非经济收益，具体包括在企业内部长久保持家族价值观，维系家族控制，保全家族社会资本，履行基于血缘关系的家族义务，以利他主义来对待家族成员。它包含了5个维度：家族控制和影响、家族成员对企业的认同、紧密的社会纽带、情感依恋和传承意愿。

爱彼如今已经传承到第四代传人贾丝明·奥德马尔（Jasmine Audemars）和奥利维耶·奥德马尔。爱彼品牌延续了140余年，历经战乱、经济萧条或行业巨变。爱彼深知如何延续创始人留下的价值理念，并且能将高科技与工匠的耐心完美融合，屹立不倒并享誉全球，成为世界十大名表之一。爱彼独特的企业文化，从传统、完美和创新中汲取营养，经历了四代人的努力，融合了对自然的尊重，对工艺的苛求，以及对完美的追寻。正是它的社会情感财富让爱彼家族和爱彼品牌拥有了穿越时间长河的能力。

创始家族仍然共同掌管这个品牌

家族控制和影响是指基于企业所有权、社会地位或家族成员的个人魅力，家族通过委派董事会主席、CEO 或其他高管和移植其价值观的方式，直接或间接地影响企业的经营管理和战略决策。保护社会情感财富与家族对企业的控制密切相关。一旦家族失去对企业的控制，就有可能累及其社会情感财富，比如家族成员间亲情淡化，家族地位下降，家族期望无法得到满足，等等。保护家族的社会情感财富是家族控制企业的重要目的之一。

爱彼是目前钟表界唯一一家至今仍保留在创办家族手中经营的百年表厂，在全球各地共有近1000名员工，2个创始家族仍然共同掌管这个品牌，并且2个家族的分工协作140余年来保持不变。

爱彼家族控制和影响企业，最显著的特征表现在"独立"精神上。爱彼的独立性，源自汝山谷超然世外的封闭性，才能使家族企业从其历史与地位中获得较大利益，迅速地应对各种情况，自由发挥独创性和创造性。奥利维耶指出，正是这种独立性使他们能从容应对艰难的环境，保持强烈的激情，帮助公司在第一次世界大战期间和经济大萧条期间承受艰难时期。也许是这种独立性使企业得以保留自身的价值观念和企业的人际关系，这种"家族理念"使其与众不同。

秉承"独立、创新、传承、卓越"的钟表基因

家族成员对企业的认同首先来自身份的认同，来自家族精神的影响，特别是家族信念和价值观。家族企业的信念和价值观始于创始人，反映着家族创始人作为领导者和

创业者的行为。随着企业的发展，这些价值观从一代人传递到下一代人，使更广泛的家族群体得以分享，每一次的传递内化都能焕发出新的光彩。在奥利维耶的分享中，爱彼历代子孙深知如何延续创始人留下的价值理念，传承并发扬着这个小山谷传统的制表精粹，秉承"独立、创新、传承、卓越"的钟表基因，延续"驾驭常规，铸就创新"的爱彼企业品牌理念。

爱彼的"独立精神"，对企业文化和企业的运作模式产生了重要影响，影响着企业的战略布局。生产制造、渠道和零售是钟表产业的三大环节。经过广泛的数据收集和研究，爱彼发现渠道经营的利润相当丰厚，但爱彼自创立以来与经销商深度合作，在全球有 500 多个销售点。为了保持家族企业高度的独立性，爱彼积极进行渠道变革。2000 年，为了争取市场份额，爱彼决定回购分销渠道并自营管理全球各地的精品店和旗舰店。这一战略使爱彼2002—2007 年的销售收入涨幅高达 270％。正如奥利维耶所说："公司在财务上取得成功至关重要。但是你还必须坚强起来，否则，你不能保持独立。独立是能够继续传统的关键。"

爱彼的"创新、传承、卓越"的钟表基因，体现在百余年来虽然历经战乱、经济萧条或行业巨变等危机，却依靠坚持传承历史的古朴工艺，在传统中创造新的技艺，不断追求卓越，突破地域和文化的差异。在爱彼的钟表家族中，皇家橡树堪称创新与卓越的代表。在不断开发的新产品系列中，两个家族的后人代代相传，见证并延续着对大胆创新与卓越品质的坚持和执着。

保持紧密的社会纽带

家族把其内部基于亲缘的互惠关系扩展到家族企业内部的非家族员工以及企业外部非家族合作伙伴甚至所在社区，从而形成紧密的社会关系网络。

在汝山谷地区，制表传统就源于一代又一代人的传承和发展。奥利维耶介绍说，有许多员工祖孙三代都在爱彼工作，员工之间相处融洽，既有家的温暖，又确保了传统制表技艺的传承和延续。如今，在爱彼走向国际化的同时，大量来自世界各地的制表师、艺术家等加入爱彼，爱彼成了一个世界性的大家庭企业。

爱彼发源于瑞士风景秀丽的小山谷，一代又一代制表师从大自然中汲取灵感和动力。源于自然，回归自然，珍视自然，回馈自然，这一理念贯穿于爱彼的一系列经营活动中。自1992年起，爱彼基金会在环境保护及提高青年认知的框架下竭尽所能保护全球的森林。该基金会活动遍布四大洲的30多个国家，目的是帮助社区保护尊重环境的生活方式和文化。爱彼与当地民众合作，通过具体的项目启动可持续发展的良性循环，以提高青年人的环保意识，保护古老传统知识与工艺，帮助他们掌握相关技能，以更好地建设可持续的未来，从而建立企业的社会责任。

对品牌历史的尊重

源自家族参与的情感因素和商业因素交织是家族企业的独特属性。家族成员把企业看作满足其归属、亲近等情感需要的场所，而且随着企业的发展壮大，家族成员的情感依恋性会不断增强。爱彼对企业的情感依赖，来自对品牌历史的尊重。爱彼建立的私立的制表博物馆，不仅展示了爱彼所秉承的汝山谷制表传统，也是瑞士高级制表业，尤其是复杂功能腕表的摇篮。

在家族企业内，家庭和企业之间的界限是模糊的，家族情感渗透到企业中，影响家族企业的决策过程。在这一维度下，家族成员经常表现出利他主义行为。爱彼博物馆同时也是一座活的博物馆，代表了品牌的历史，也展现出爱彼所代表汝山谷的制表传统。在这座博物馆中，保存着几乎所有品牌腕表的相关技艺，其中还留有爱彼几代领导人的手迹，保存着 19 世纪以来爱彼世代相传的工具盒，存放着当年使用的各种零件。制表师可根据要修复的古董腕表，配上或制作相应的零件，并参照品牌创建以来记录所有手表离厂时工艺诀窍的笔记本，便可逐一修复。爱彼时至今日依然坚持这样的做法，为未来的制表师留下可追寻的印记。这个博物馆见证了品牌与创始家族的共同成长。

社会情感收益大于经济效益

家族企业区别于一般企业，在追求财务目标的同时，还追求非财务目标，即社会情感收益。家族企业社会情感收益的目的在于创造和保护家族精神财富，具体表现为彰显家族声望，延续家族价值观，延续家族的社会地位和影响，满足家族情感归宿的需要（见表3.1）。重视家族的社会情感收益是家族企业战略决策的关键特征。奥利维耶强调："我们首要考虑的不是财务报告，而是家族企业代代相传。"

表3.1　家族企业的财务目标与非财务目标

财务目标（经济效益）	非财务目标（社会情感收益）
追求利润（股东回报）最大化	创造和保护家族精神财富
销售收入 利润 市场份额 快速成长和规模扩张	彰显家族声望 延续家族价值观 延续家族的社会地位和影响 满足家族情感归宿的需要
快速做大做强	植得更深，活得更久

家族往往把创建企业视为一种长期投资，并希望能够在代际传承。传承意愿是社会情感财富的中心要素。跨代

传承是社会精神财富的核心方面之一。为下一代保持公司业务通常是家族企业的主要目标，并且许多家族企业更倾向于制定长期的战略规划。对精良制表技艺的传承，比如师徒制的传授方式，一直是瑞士制表基地汝山谷的发展源泉和保持常盛不衰的秘密，也是爱彼长期以来的核心工作之一。

代代相传的匠心工艺

家族企业社会情感收益期待家族企业能够植得更深，活得更久。爱彼品牌致力于将传统制表技艺传承下去，坚持以"老师傅的一双手"来打造手表是爱彼的传统。爱彼坚持代代相传的匠心，在每一只表的背后刻上制造者的名字，以示负责。就算零件已经停产 20 年，只要查询保存的制造数据，爱彼表厂仍可以为客户修护，以实现品质世代相传的目的。在独立的环境中维护和传承着高级制表工艺，并加以最高水准的装饰和打磨工艺，面对现代快速发展的钟表行业的竞争，爱彼不断走在时代的前沿，寻求新的创新突破。

对于爱彼来说，最大的社会情感财富表现在爱彼家族从创始人以来，四代人秉承"独立、传承、创新和卓越"的钟表基因。一直以来，爱彼的发展决策不仅遵循过去发展的轨迹，也适应当下的需求，既尊重历史，也一次又一次站在了时代的前沿。正是因为爱彼钟表基因长久的延续，爱彼从一个与世隔绝的瑞士小山谷里的公司，发展成为世界十大名表之一，同时也成就了一个钟表业界的家族传奇。

中篇

要如何做？企业家精神到企业文化——从"我"到"我们"的过程

在上篇，我们用黄金圈法则为企业家提出一个思维逻辑。这一逻辑指出，我们思考事情时都会围绕三个层次展开：为何要做，要如何做，以及该做什么。企业家在创业和个人成长的道路上，需要明确自己的核心价值观和使命，并通过由内而外的思维模式制定战略方向，进而将其转化为切实可行的行动计划。在这个过程中，企业家往往会把自己的思考和总结，归纳成精简的语言，用"一句话"或"关键词"来传达自己的理念。但企业不是一个人的信念，要把理念变成行动，企业家需要经历一个从"我"到"我们"的过程。这一篇中，我们将深入探讨"要如何做"。

企业"活出一句话"的过程是动态发展的，在这个过程中，企业家的示范作用、明确的价值观和行为准则、员工参与和反馈机制，以及配套的正式制度、非正式制度体系都扮演着重要的角色。通过关注企业文化动态发展过程中的这些关键要素，企业可以主动塑造积极的工作环境，促进员工参与和投入，并建立有力的企业文化，为持续发展和成功奠定坚实的基础。

在企业文化形成的过程中，创始人及其价值观起着至关重要的作用。企业的创始人是组织文化基因的源头，他们将个人的价值观与社会需求相结合，通过整合个人价值观和组织文化来传达文化价值观的重要性，并影响整个组织文化的走向。在企业发展的不同阶段，创始人和高层领导者扮演的角色不同。比如，在组织的早期阶段，创始人将个人理念融入组织文化基因中，为组织文化奠定基调；在组织的发展阶段，他们通过自上而下的方式来规范或重塑组织文化。这意味着创始人和管理者不仅以身作则展现明确的信号，彰显组织对文化的重视和投入，还通过制定和引入一系列制度来塑造成员对文化的奖惩预期，以表现出组织期望的态度和行为。

　　组织的正式制度和非正式制度在企业文化形成中同样扮演着重要的角色。正式制度以人力资源管理体系为代表，涵盖了员工招聘、培训、绩效和薪酬等多个环节，被视为传递组织价值观和塑造组织文化的重要工具。人力资源管理体系具有动态调整内在政策要素的能力，可以吸引并选择认同组织文化的员工，调整和解雇与文化不匹配的员工，并激励员工表现出与组织文化一致的态度和行为。此外，非正式的组织设计因素也是培养组织文化的一部分，并为领导者调动员工积极性提供了工具。这些因素包括鼓励开放式沟通、促进团队协作和培养团队成长性思维等。组织文化不是组织创始人或领导者单向努力的结果，而是由员工集体的、自觉的态度和行为形成的。在组织结构愈发扁平化、新生代员工已成为组织主力群体的背景下，仅仅依赖精心设计的文化口号或宣言来打造组织文化已远远不够，群体要素、领导者和员工的互动过程，对组织文化的发展有着更为深远的影响。组织需要认识到文化的塑造是一个动态的过程，它依赖于组织主要的利益相关者，即员工的认同和参与，这不仅有助于获得员工对组织文化的信任和认同，还可以进一步发挥组织文化对员工的指引和激励作用。

培养组织文化，将"一句话"落到实处并不是一朝一夕的事情，在组织中灌输价值观是一个价值传递的互动过程，同时存在自上而下和自下而上的沟通，即动态过程。我们的研究发现，动态过程需要经历四个阶段：初始、形成、强化和蜕变[23]。在这个动态四阶段中，通过定义创始人和员工的角色，过程模型能够系统地介绍文化在组织中的传播。在下文中，我们将通过三个企业的案例，运用动态过程阶段，展示创始人如何将个人价值观灌输到组织价值观中，员工在这个过程中如何参与文化塑造，同时，企业制度要素如何作用，完整地解释组织文化的形成、塑造、传播和变革的过程。

第一个案例谈京东早期如何从草创时期的企业家文化转型成企业文化，为京东后来的快速发展打下基础。京东

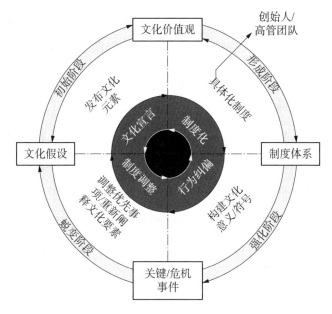

从"我"到"我们"——企业文化发展过程

是中国领先的电子商务平台，以创新、诚信和服务为核心价值观。随着市场竞争的加剧和消费者需求的不断变化，京东不断努力调整和改进自身文化，以适应新的挑战和机遇。在京东发展的早期阶段，创始人刘强东通过自身的行为和决策，展示了对诚信和客户至上价值观的重视，建立了以其行为为基础的公司文化，并在组织内传播。在2012年，京东形成了系统的愿景、使命以及核心价值观。基于这套文化体系，京东配套人才培养与管理、人力资源管理等体系，通过内部沟通和宣传，设计和推行培训计划，加强了员工对核心价值观的理解和内化。然而，随着企业规模的进一步扩大，原有的管理体系难以跟上企业发展的步伐，京东于 2013 年确定了以"休养生息"为主题，着力解决文化稀释等挑战。通过问卷调查、访谈和工作坊等方式，京东收集了员工对价值观的认知，并形成了新版价值观的草稿。随后，京东又借助"价值观行为工作会议"等形式收集价值观行为，全员参与，并最终确定了最能体现价值观的典型行为。确定价值观体系和行为内容后，京东进行了全员动员和全员参与的文化宣传，通过首讲、管理者的文化宣传和专兼职文化讲师的培训，确保文化的落实和传递。通过这些举措，京东成功实施了文化变革，将"企业家"文化升级为"企业文化"，加强了员工对京东的认同，为未来发展奠定了坚实的基础。

第二个案例介绍的是中国知名的房地产企业旭辉集团。旭辉致力于打造高品质住宅和商业地产项目。创始人林中是个长期主义者，坚持企业的长期发展经营理念。他喜欢徒步，强调"行者精神"。行者文化是旭辉集团一直以来致力于塑造的一种文化精神，旨在建立强大的组织价值观和团队精神，以应对挑战并推动企业的可持续发展。在旭辉集团的发展过程中，行者文化的发展不是一蹴而就的，而是一个动态的价值传递互动过程。在初始阶段，旭辉的文化还没有明确的表达和传播途径。创始人林中和领导团队通过自身的行为和示范，向组织成员传递高目标和高执行的核心价值观。他们以身作则，通过言传身教来塑造组织的价值观念，并鼓励员工参与文化的形成。在形成阶段，旭辉开始明确使命宣言和核心价值观，并将其融入组织的管理制度和工作流程。创始人和领导团队通过定义员工和自身的角色，系统地介绍文化的传播方式。同时，旭辉积极组织戈壁徒步活动，自 2014 年开始的戈壁远征不仅增强了员工的体魄，也打造了独特的"行者精神"文化 IP。这一 IP 具有丰富的韧性文化内涵，涵盖了包括目标导向、执行导向和团队导向等在内的韧性元素。随后是强化阶段，这个阶段旭辉面临着规模扩大和外部挑战带来的问题。为了强化文化，创始人和领导团队采取果断行动，重申核心价值观，并调整组织的运营体系。同时，企业制度要素也发挥了作用，如推行"财务铁三角"和"六高"人才战略，以便快速应对周期逆境，保持组织的生命力。目前是蜕变阶段，这一阶段的旭辉需要应对行业的严峻挑战，林中和旭辉上下在这个阶段坚信旭辉的韧性，并通过坚持不懈的精神引领组织渡过难关。通过应用文化动态过程模型，这一章将展示创始人林中如何将个人的价值观灌输到组织的价值观中。在动态过程视角下，旭辉的创始人、员工和企业制度要素相互作用，完整地展现了组织文化的形成、塑造、传播和变革的过程。这一过程在旭辉的发展中得到了实践和验证，并帮助旭辉打造了行者文化，使其能够应对变革和挑战，并不断成长壮大。

第三个案例讨论的是一家以"丰富女性的人生"为核心理念的西方企业如何落地到中国，却依旧坚持创始人的初心，帮助中国女性成长。玫琳凯是全球知名的美容与护肤品公司，于 1963 年由玫琳凯·艾什（Mary Kay Ash）创立于美国得克萨斯州。该公司以其创新的直销模式和积极的企业文化而受到广泛赞誉。从成立之初，玫琳凯就确立了"丰富女性的人生"这一使命。在进入中国市场后，玫琳凯的文化也经历了一系列的变迁和落地过程。在发展初期，玫琳凯中国面临着国内直销模式的转型和经营困境，但凭借公司文化的要求以及总部的支持，玫琳凯中国坚守了直销模式，并通过简化、集中和专业化的调整成功度过了困难时期。随后，公司在 2005 年进入了快速发展期，通过举办"美丽直通车粉红巴士中国巡游"等活动，积极满足消费者需求，并建立了可靠的信任和人际关系网。然而，2019 年，玫琳凯中国面临着直销模式的危机以及后续的疫情冲击。公司积极采取自救措施，并提出了发展目标，强调全球一体化和员工幸福度，并注重可持续发展。通过"木兰计划"等战略，公司致力于坚守品牌初心并摒弃浮躁心态。通过整合资源和赋能员工，玫琳凯追求长期发展和富有情怀的业务。在中国市场，玫琳凯经历了不同阶段的发展，其文化也不断适应中国情境的变化，在坚守初心的同时，追求长远发展与员工幸福度。

　　培养组织文化并将其落到实处是一个动态的过程，需要经历初始、形成、强化和蜕变四个阶段。京东以创新、诚信和服务为核心价值观，不断调整和改进文化以适应市场变化；旭辉集团通过对行者文化的塑造，建立强大的组织韧性价值观和团队精神，增强组织的抗压能力；玫琳凯以"丰富女性的人生"为使命，在中国市场经历转型和困境后不断取得新的发展。动态过程模型帮助我们了解企业文化的萌芽成长需要经过不同阶段的发展。创始人、员工和企业制度要素在不同阶段中会相互推动，直接和间接地影响了企业文化的形成、塑造、传播和变革，帮助企业"活出一句话"，且将"一句话"锻造为帮助企业应对挑战、实现可持续发展的关键力量——企业的软实力。

第 4 章　京东：从企业家文化到企业文化

在中国有两个全民网购狂欢节，一个是"618"，一个是"双十一"。其中，"618"购物节由京东发起，也是为了纪念京东成立纪念日 6 月 18 日。作为中国第二大电子商务平台，京东创立于 1998 年，自 2004 年正式涉足电商领域，经过 20 年的砥砺前行，京东在商业领域实现了一次又一次的突破创新，赢得了跨越式发展。创始人刘强东打造的商业帝国已经囊括电子商务、金融、物流、技术等领域，京东已成为中国最大的自营式电商企业，拥有超过 12 万名正式员工，跻身全球十大互联网公司。

京东的诞生

京东的诞生可以追溯到 1998 年，在素有"中国硅谷"之称的北京中关村地区，25 岁的刘强东凭借优质的服务和只售正品的信念，从一家店开到十几家连锁实体店，从代理刻录机开始到销售品类繁多的电脑外设产品。2003 年，"非典"造成了中关村市场极度低迷，京东于 2004 年另辟蹊径尝试电子商务，一举成为 IT 数码产品垂直品类的著名电商。2008 年前后，IT 数码产品毛利逐渐变得微薄，京东走向了产品多元化，从垂直类电商成为综合类电商。2010 年，京东进一步确立了"全品类战略"。2012 年，京东收购了从事支付业务的公司"网银在线"，从此有了交易结算的能力。从 2004 年进入电商领域开始后的 8 年，京东年平均复合增长率超过 200%，员工人数也在急速攀升。

京东于 2007、2009、2010 和 2011 年分别接受了 1 000 万美元、2 100 万美元、1.5 亿美元和 15 亿美元共 4 次私募股权融资。京东的融资额越来越大，是因为它从 2007 年起，将自建物流体系和物流体系的研发作为重点投资项目，占领了物流设施建设的先机。京东认为，只有自有物流才能保障"最后一公里"的良好服务，在最大程度上确保客户网上购物满意度，当然，自建物流也能帮助公司快速回收货款，实现资金的高速周转。京东的运营体系人员（仓储、配送、服务）数量一直占比较高，覆盖全国各地主要城市。虽然京东物流体系人数比不上动辄十几万名员工的物流公司，但在电子商务领域已经算得上是首屈一指，形成了京东在物流方面的竞争优势。

　　坚持自建物流体系的决定背后，是刘强东的"铁腕"领导风格。此前，几乎每一次岔路口的选择都烙上了刘强东"力排众议"的烙印，并且事后往往验证了刘强东的选择是正确的。例如，2004 年中国电子商务市场的格局是 eBay 易趣①占有绝对垄断地位。"非典"肆虐时，在 eBay 易趣上开网店是京东大部分同事眼中简单易行的选择，但刘强东坚持发展独立平台，这种坚持成就了京东。又例如，2004 年底的一天，在与经理们辩论了一个晚上之后，刘强东在凌晨 3 点终于说服了 6 个经理中的 4 个反对者，做出关闭实体店、专注电子商务的决定。当时公司 12 家实体连锁店的销售额占公司销售额的 90％、利润的 95％。2007 年，京东决定投资于自建物流，被媒体广泛认为是"烧钱"之举，但京东依然凭借融资支持迅速成长。2010 年 8 月动工兴建的"亚洲一号"，成为当时全国最先进的仓储中心。

奔跑的京东，成长的痛

　　2012 年，京东（JD. com）成为中国最大的自营 B2C

---

　　①　易趣于 1999 年创立于上海，2002 年与当时全球最大的网上交易平台 eBay（Nasdaq：EBAY）联盟，eBay 易趣很快成为国内最大的网上交易平台。艾瑞 iResearch 统计数据显示，2003 年 eBay 易趣市场占有率达到 72.4％。

电商，与平台型电商阿里系淘宝（C2C）和天猫（B2C）相对，在3年内以迅猛的增长速度出现在公众的视野中。在高速的奔跑中，作为传统商业渠道的颠覆者，京东的视线一直落在前方业务的战场上。随着业务的扩张，公司已经在3年内由几千人发展到两三万人的规模，但依然面临着巨大的人才缺口。为了维持后续发展的速度，创始人刘强东逐渐加强了对内部管理体系的关注。

人力资源的管理压力

招聘压力

电商行业的从业人员人数虽然迅速增长，但仍然赶不上处在爆发期的电商行业对人才的渴求。电商行业人才虽然稀缺并炙手可热，但经验普遍不足。由于一些领先的自营电商、垂直电商正在走向平台化和综合化，互联网金融业务也有逐渐兴起之势，电商行业对于跨领域复合型人才的需求更是得不到满足。

在京东的发展史上，业务领跑的思路在一定程度上延缓了京东对内部管理提升的关注。从1998年成立到2007年7月，公司一直没有正式的人力资源部门，只有2名员工兼职负责招聘、面试、晋升、加薪等基础性工作。相对于业务部门来说，包括人力资源工作在内的内部管理工作并没有得到其他部门的重视。

在人才严重短缺的压力下，2007 年才正式成立的人力资源部不得不将大部分精力用于外部招聘。招聘的重点一方面是随着业务发展而日益庞大的基层物流人员，另一方面是跨行业的专业人才和管理人才。由于招聘工作过于繁重，人力资源部来不及建立与时俱进、紧跟公司发展的人力资源管理体系。2010 年时，公司人数已达五六千人，但公司还没有一套人力资源 ERP 系统，发工资只能用 Excel 表格。京东内部当时流传的说法是"人力资源部的同事是 Excel 表格做得最好的同事"。从 2010 年开始，公司首次引进了人力资源管理咨询项目，对组织架构、岗位职级体系、薪酬绩效等各个方面进行系统梳理。然而，在咨询项目进行的 2 年间，京东已经发生了翻天覆地的变化，以薪酬为例，咨询项目开始的时候公司只有七八千人，700 种岗位，2 年后人数接近 3 万，岗位更是数不胜数。

薪酬体系失衡

在高速发展期间，由于管理的松散，整个公司的薪酬体系缺乏系统性。以遍布全国的物流体系为例，地方机构的薪酬体系主要由当地业务部门决定。一位空降的人力资源管理层感到当时的情况让人匪夷所思："2011 年时，公司竟然不知道有地区差异系数。不同地区的保底工资和计件工资的配置也完全没有章法。"例如，两位工资完全一样的配送员，在二线城市的那位可能感到生活条件优越，而在一线城市的那位却有可能仅能做到满足日常开支。

虽然公司的薪酬不成体系，但一线物流人员薪酬水平和福利待遇一直较好。京东员工公认，刘强东特别关注客户体验，因此，很重视在一线服务于客户的基层员工，包括配送员、仓储拣货打包人员等。他不仅强调为所有配送员正规缴纳社保，也会亲自深入一线去体验配送员的工作和生活环境。京东自有的配送人员每日保证配送服务的质量和速度，这令京东的客户满意度在同行中名列前茅。刘强东对配送人员的关注也体现在给他们提供具有竞争力的薪酬、正规的劳动合同和五险一金上。

新旧碰撞冲突

空降的问题

大举的招兵买马令京东的管理层在短时间内充盈起来。2009 年，京东只有一个副总裁。2012 年前后，公司运营、采销、财务、战略、技术、人事与法务等业务和职能条线的 CXO 们陆续到岗，刘强东直接听取汇报的高管已经达到 22 人。在 CXO 级别之下的副总裁和总监等级别，人数的增加也十分可观。很多来自跨国企业的管理者刚刚加入不久，已经对京东很多土生土长的做事方法感到十分不适应。有的人选择迅速离开，有的人雄心壮志地想要推翻以往的一切重新来过，其中不乏新人老人"硬碰硬"的场面。也有很多老高管失意地离去，因为随着京东的迅速发展，管理难度越来越高，绩效压力也越来越大，他们的能力难以掌控局面，逐渐失去了刘强东的信任。

管理层的"空降"越来越成规模，带来了"薪酬倒挂"现象。从人才市场上按照市场薪酬招聘的主管，如果是稀缺人才或者来自金融行业，即使有些人已经决意"降薪"加入，可其入职时确定的薪酬还是常常比其作为老员工的上司——经理高，这种特事特办的现象就形成"薪酬倒挂"。由于电商行业人才稀缺而且业务格局复杂，新进的人选不一定能完全匹配业务需求，并且也需要一段时间适应具体的业务和公司文化，所以身为老员工的上司们产生了"外来和尚不仅不会念经，反而拿着高薪"的不平衡心态，士气也受到了很大的影响。有人抱怨道："即使我能接受他们的薪酬比我高，但他们的能力至少要比我强，或者能够给公司带来更多价值。"

管理者能力发展的瓶颈

在业绩的压力下，一些管理者习惯于重视局部执行而缺乏全局观，从而导致京东内部管理的规范程度早已跟不上公司的高速发展。此外，在创业早期，京东对人才管理水平的要求不高，一些管理者未能跟上公司规模化和规范化的发展速度，即使是有潜力的管理者，也在业务指标的重压之下来不及或没有机会学习如何提高管理能力。刘强东也看到了人才发展会成为公司的瓶颈，但主要精力还是放在了公司的生存及高速发展上，公司没有余力认真考虑建设体系性人才梯队问题。虽然在 2007 年，京东招聘了第一届管理培训生，但是只有 2 名。刘强东亲自与他们谈心，关注其成长。此后，公司每年都招聘优质的管理培训生，但人数依然不多，公司对此的态度是宁缺毋滥。

创业文化被稀释

刘强东带领京东在创业过程中身经百战，京东员工对刘强东的指示都能够不折不扣地执行。随着京东员工人数的增加，业务规模的扩大，组织架构越来越复杂，层级也越来越多，一些审批流程逐渐开始变得正式而缓慢。即便如此，当刘强东发出一些在既定的 KPI 之外的临时或特殊指示时，也依然能够得到迅速的执行。刘强东信奉业精于勤的道理，公司长年贯彻早会制度，刘强东习惯于亲自主持几十名高管参与的早会，听取每日运营情况的汇报并部署工作，每日坚持不懈。刘强东提出并坚持的"高执行力"对所有高管都起着不小的震慑作用，他看问题高屋建瓴的角度往往也难以被高管完全理解。他率直、简单的领导风格往往在会议上体现为不留情面的批评，这更导致高管产生焦虑和不安全感。

此外，京东一直高度强调新入职的员工必须认同公司的价值观。刘强东在会议中反复提到，业绩很好的人，如果价值观不符合，公司也不能留用。在人员迅速增加，尤其是许多管理者从其他公司空降到京东的背景下，各种各样的文化和价值观，以及与之相对应的工作风格和流程都随着新任管理者的加入而被带到京东。因此，京东原有的高层管理者非常担心原有的价值观被稀释的问题，跟随刘强东多年，他们对京东价值观坚守的关键点是耳濡目染，因为创业初期老板天天和他们泡在一起，但是，新加入的员工没有这样的机会，公司也没有对京东文化进行系统和全面的总结，形成了新旧文化混杂的局面。

空降的 CHO

2012 年，刘强东意识到京东的快速发展需要尽快调整和升级管理体系。他邀请了同学隆雨加入担任 CHO 兼首席法律总顾问。隆雨和刘强东是商学院同班同学，她之前一直在跨国公司内部担任法律顾问职务，是美国上市公司 UT 斯达康的高级副总裁、全球首席法律总顾问及首席合规官。来自跨国企业和本土企业的同学原本就分属两个群体，群体间共同语言不多，两人也没有太多交集。在学校沉默寡言的刘强东坚持聘请拥有跨国上市公司背景、英文流利的隆雨，用了 7 个月的时间 4 次竭力邀请她加入京东。"四"顾茅庐的决心打动了隆雨。

吸引隆雨的一个重要方面是京东的未来。她说："京东极具吸引力的大平台，让我可以实现自己的职业理想。"事实上，京东 2012 年亏损 17 亿元，顶着外界"资金链断裂"的流言，业务却在如火如荼地发展。隆雨虽然不免有一些忐忑，但内心更多的是即将面对挑战的兴奋感。用她的话说，这是在高速奔跑中换轮胎。隆雨以前在跨国企业，总是感到自己像一颗螺丝钉、一个齿轮。"你只要干好了你自己岗位的所有工作，和公司整体的节奏配合起来就 OK，但是民企却可以提供更大的舞台和机会。"

刚上任时，隆雨看到京东的人力资源部已经启动了一些变革前奏。用于算薪的"铂金系统"已经上线，但它能支持的员工人数可能很快会被突破；刚刚萌芽的 HRBP 开始尝试深入业务当中，承担起直接对业务人才管理出谋划策并与集团人力资源部对接的工作；全面而系统的薪酬改革也已经开始推动，但还需逐步推行并令员工慢慢接受；月度高频的绩效考核令该观念深入人心，但和激励并没有挂钩；培训部在进行一些针对业务能力提升和价值观的培训，但还欠缺领导力提升的培训，也缺乏针对不同岗位的培训；员工关怀工作一直在开展，但相关的资源散落在行政、人力资源、业务部门等各个角落，也缺乏京东特色。

履新上任的隆雨很清楚，这些问题都是多年积累起来的，牵一发而动全身，必须通盘考虑。隆雨不仅要考虑自己和刘强东的关系，在CXO集体中的角色，还必须让京东庞大的全员接受人力资源管理方面的变革。然而更棘手的问题是，京东未来的发展并不是单纯的扩张，在预期的未来会有诸多新业务被孵化，组织架构必然需要顺应业务变化而调整，还需要为了支持新业务而发展新的组织能力。她必须尽快找到切入点，同时，她还必须面对京东在一两年内继续飞速发展的挑战。

2012年底的战略会议上，京东高管层已经集体意识到，在2004年以来8年的高速奔跑后，2013年应当"再练内功"，重点关注公司内部管理的提升，为下一个10年的发展做足准备。以往，公司全力拓展业务，新上马的业务几乎都取得了成功，但在管理的方方面面都到了休整时期，以便存续力量，跑得更快。刘强东在和几位CXO达成共识后，直接确定2013年的年会主题为"休养生息"，而且在该年会上直接向全员宣布，公司2013年为"休养生息"年，对过去的高速成长进行阶段性总结及休整。

经过入职后几个月的观察，公司发展进程中亟待解决的几个重大问题已经清晰地摆在 CHO 隆雨面前：①团队规模快速扩张带来的文化稀释；②公司高速成长带来的人才需求量猛增以及现有人才梯队的升级；③业务高速多元扩张，组织设计与集团管控亟待突破，且除了高效执行力外，新的组织能力需要建设，例如"协同创新"；④不同类型的员工群体有着各具差异的关怀需求，福利体系需要重构。在感受到压力的同时，面对刘强东提出的"休养生息"的战略主题年，隆雨也感受到公司进行管理变革及提升的时机已经悄然成熟。

重组人力资源核心团队

隆雨刚到任时就发现，京东人力资源部门在管理层中的话语权并不强，开会时往往坐在角落里。"作为 CHO，我需要把握整个人力资源团队大的前进方向，带领人力资源团队更好地承接公司战略并一起诊断公司发展进程中管理上已经或将要遇到的瓶颈和痛点，带领团队找到解决方案，从一个胜利走向另一个胜利。而具体的人力资源专业模块的日常工作，可以由 300 多人的专业人力资源团队来支撑。"对于 4 个月前刚刚上任的 CHO，除了业务迅速变化的外部因素外，人才短缺、培养体系乏力、绩效和薪酬管理缺乏系统性等问题同时摆在面前，都是需要"修"的内容。考虑到人力资源体系的重建是一个耗时耗月的复杂工程，在公司缺乏统一管理语言体系的背景下，直接针对与生产力强相关的人力资源体系的相关模块进行动刀，例如薪酬模块、绩效模块，可能未必能得到业务管理者的理解，而缺乏业务管理者的参与，人力资源工作就是空谈。

人力资源五年战略规划

人力资源五年战略规划旨在通过建立专业、规范的人力资源管理体系，成为业务部门高效、可靠、专业的伙伴。在未来三年内，人力资源部门将致力于此目标，并在五年内成为组织变革的引领者之一。到 2020 年之前，人力资源团队将力争成为中国企业界最高效、最受尊敬和最专业的人力资源团队之一。京东集团的使命是创造一个简单、快乐、充满激情的工作生态环境，让员工的幸福感支持组织的持续发展。

为了实现这一愿景和使命，京东集团将按照以下步骤逐步实施：第一，通过梳理和落地企业文化，构建卓越的企业文化；第二，搭建完善的人才发展体系，进行人才盘点，建立继任者及高潜力人才库，明确人才管理理念；第三，通过建设京东大学，完成其软硬件规划蓝图，梳理和完善专业课程体系，打造京东人才培养的摇篮；第四，持续优化绩效体系，推行绩效合同理念，以支持公司业务的发展；第五，构建完善高效的人力资源信息管理系统，并上线 E‐HR 项目一期；第六，通过员工敬业度调查和推广雇主品牌，建设并推广雇主品牌。

通过以上系统性的规划和实施，人力资源部门将逐步实现其愿景和使命，为公司和员工带来长足的发展和成功。

说服老板从文化着手

接下来，她首先针对文化稀释问题，大胆地向刘强东提出了一个设想——人力资源工作从文化入手。没想到，刘强东想都没想就回答："京东是一家很有文化的企业，我决不更改京东的文化！"隆雨理解刘强东的想法，京东之所以走到今天，原生的强势文化起到了巨大的作用。她知道刘强东可能误解了她的本意。因此，她并没有胆怯，大脑快速地思考如何"以柔克刚"。

刘强东一直以来特别重视人才，他说过："一个公司的失败，其实是团队的失败，归根结底是人的失败。"这一点隆雨十分认同。不过，隆雨也的确看到公司处在人才困境之中——过去一两年以来，公司各层面对电商和金融人才的饥渴，公司内部人才能力的欠缺，以及外部空降人才所带来的诸多问题。她之所以向刘强东提出从文化入手，是希望解决公司多元化人才构成所导致的"不同的人说不同的话"这个问题，不同背景的人才可以统一于公认的价值观。

当刘强东强硬地说"不"并且反过来给隆雨"上课"时，隆雨认为他如此坚决也是有道理的。京东在电商大量崛起的年代得以独占鳌头，以往鲜明的价值观起到了重要的作用。隆雨首先顺应刘强东的话说："你要不愿意，我肯定不做。因为文化是由上而下的，没有你的支持，我就无法做这个项目。"看到刘强东逐渐放松，隆雨试着进行了新一轮的沟通。

她问："Richard，京东是要做中国的京东，还是要做世界的京东？"刘强东回答："当然是世界的京东！"隆雨再问："那未来当我们的员工遍布全球的时候，我们希望他们虽然说着不同的语言，但谈论和遵守的是同样的价值观。现在京东这些很有中国特色的文化怎么推广？例如'广交天下友'是不是'make friends'？"

刘强东沉默了。隆雨趁机解释道："我从来没有主张改变公司的文化，我们要做的是对文化的梳理，梳理的过程是形成共识的过程。"一周以后，刘强东对隆雨说："我们做吧，我觉得你是对的。"

隆雨很欣赏刘强东这种善于内省的个性，她觉得对于这么一个价值观鲜明而又简单直白的人来说，做到善于内省真的很不容易。公司在 10 年的发展中已经总结出了一些基本的文化口号，这些主张和口号都非常有道理，但没有梳理成有逻辑的体系，这导致一些内容往往不容易被基层员工理解，例如，"杜绝浪费"。这样在传播和传承上会出现巨大的能量减损，文化稀释当然会随之而来。隆雨认为，文化梳理的目的是"将'企业家'的文化落实为体系性的'企业文化'"。

从"企业家"文化转变成"企业文化"

过去的文化特点

隆雨加入京东后，对于京东的文化和刘强东本人的创业故事有了更多感性的了解。事实上，京东的文化很大程度上来自刘强东本人。刘强东强调的价值观在京东的确能够成为公司"铁的纪律"。

刘强东十分勤勉，注重细节。在每天 8∶30 所有高管出席的例行早会上，刘强东一直是当仁不让的中心人物，在半个小时的时间里，有事说事，没事散会。刘强东曾经提过"三不原则"：不偷税漏税，不卖假货，不找"靠山"。事实上，京东商品的质量口碑总是好过其他电商；京东高质量的配送服务来自配送员的辛勤劳动，京东也给每个人都上了正规的社保和公积金；买地建物流仓储时也是公事公办，刘强东并没有贿赂等做法。

之前，京东的愿景是"做中国最大、全球前五强的电子商务公司"，使命陈述是"让购物变得简单快乐"。公司的核心价值观及其解释分别是：诚信（内部坦白、诚实、守信）；客户为先（客户利益第一、为客户着想、为客户多做事）；激情超越（积极、主动、勤快、向上、创新、竞争）；学习（谦虚、好学、进步、用脑）；团队精神（合作、诚信、步伐一致）；杜绝浪费（厉行节约、爱护公物、即刻行动）。

利用价值观筛选人

京东也一直非常强调价值观在选人和用人上的意义。刘强东曾经有个著名的提法：第一类是能力很强价值观也符合的人，被称为"金子"，这是公司的核心人才；第二类是能力、业绩不错，价值观也不错的人，被称为"钢"，可以说是公司的中坚力量和"地基"；第三类是价值观很匹配但能力不太行的人，被称为"铁"，这一类人通常在工作中才能发现，面试时不一定能发现，公司会给他一次转岗和一次培训的机会，如果还不行就会被淘汰；第四类是能力和价值观不符合公司要求的人，被称为"废铁"，公司不会录用这样的人；第五类是最差的一类，被称为"铁锈"，他们是能力很强的人，业绩也很优秀，但价值观与公司完全不匹配，为了避免他们对其他员工产生负面影响，公司会坚定地开除这些人。京东还曾经声势浩大地专门开展过"砸铁锈"的活动。

隆雨希望在这次文化梳理项目中，人力资源部能够引领整个团队为京东梳理出以往支撑公司成长起来的文化要素，并且用一种逻辑更加清晰、能够落实到直观行为的方式呈现出来，形成价值观的具体行为指南。因此，2012年12月，京东启动了文化梳理项目，通过招标选择了咨询公司，全面梳理京东的文化。

全面文化梳理

2012年12月，文化梳理项目开始。隆雨希望，这个项目的目标是"形成共识"，而不是"闭门造车"。"很多企业的文化部往往是关在小黑屋里去脑力激荡，形成方案后拿给老板确认，如果没问题就开始做。但在京东不是这样。"京东的这次文化梳理注定是一场声势浩大的全员动员和全员参与。

公司愿景和使命的变化

作为文化梳理的第一步，项目组首先分析京东的愿景、使命和现有的业务。2013年，京东的业务已经开始了多元化，例如，启动了京东金融业务板块，和原有的京东商城业务既有联系，又各自独立。大家发现，原先的使命陈述"让购物变得简单快乐"仅仅适合京东商城，"中国第一、世界前五"的愿景缺乏一些美妙的联想。因此，新的愿景是"做全球值得信赖的一家企业"；新的使命只改动了一个词——"让生活变得简单快乐"，即京东提供的服务肯定会覆盖客户生活的很多方面，包括生活服务和金融理财等，这样升级梳理就可以覆盖京东日渐多元化的业务模块。

价值观的收集和筛选

人力资源部组织了一个"高管工作坊"，刘强东亲自号召大家参与。在郊外一个舒适、令人放松的环境下，人力资源部聘请了一位教授给 30 多名高管讲解企业文化的知识，请大家对京东的企业文化梳理提出意见和建议。这次讨论虽然并未形成实质性的内容，但是对于京东忙碌的高管们来说是一次难得的互动机会。

在咨询公司的协助下，企业价值观的项目逐步展开。公司进行了全员不记名问卷调查，从 3 万人中得到有效问卷 3 400 份。问卷的形式以选择题为主，主要问题包括对一些价值观的提法表示同意或反对，以及进行重要度排序。接下来，咨询公司对 192 名员工进行开放式访谈，被访员工覆盖各个层级和业务体系。最后，在问卷与访谈分析的基础上，咨询公司形成了关于京东文化现状、未来如何制定价值观的一些书面建议，并提出了新版价值观的草稿。

制定价值观框架

在初步成形的新版价值观基础上，项目组组织了一系列有普通员工参加的中层干部工作坊和第二次有关价值观的高管工作坊，主旨聚焦于到底如何确定新版价值观的具体内容和框架。刘强东要求参加这次工作坊，隆雨爽快地答应了，但是希望老板遵守一个规则——什么都不要说，只坐在后面当听众。刘强东很奇怪，一定要参加其中一个讨论组。隆雨笑道："你说了话，一拍板，别人就都不敢说话了呀！"刘强东同意了这个提议。

咨询公司梳理出来的几个基本文化要素形成了一个文化框架——一个中心，四个基本点。其中，客户为先是中心，诚信、团队和创新这三个基本点已经被选举确定，还有最后一个基本点出现了两个词汇势均力敌的场面。一半高管选择了"效率"，另一半高管选择了"激情"。这时，刘强东终于坐不住了，声称自己保留"一票否决权"！他接着发言："如果没有激情，京东是走不到今天的，激情永远要保留在京东的文化里。效率只是一个管理哲学，而不应该是京东的价值观主张。"最终，新版的价值观形成了，共包括 5 条，每一条下面又包括 3 个关键词（见图 4.1）。乍看之下，5 条大的价值观和其他公司相比并没有太多新意，但是下面用于诠释的每个要素的 3 个关键词却是大家从 500 多个词条里投票选出来的，很有京东特色。例如对"激情"的诠释是"享受工作，只做第一，永不放弃"。

图 4.1 新版价值观（2013 年 3 月推出）

资料来源：京东。

　　隆雨解释道："这些都是针对京东在发展中优秀 DNA 的累积以及痛点而发的，很多管理层在投票中都非常清楚地讲明了自己这样投票的原因。比如，'诚信'所要求的行为准则有'信守承诺'，这是要求京东员工不仅对外要信守承诺，内部员工之间在工作中也要信守承诺，举例来说，邮件中说要提供某项数据，到后面不能失信不提供。客户为先，在各部门有具体的行为准则要求，售后客服部要求员工让客户"听见"微笑，每个员工桌上摆一面小镜子，提醒其在和客户通话时要面带笑容。对内部客户而言，客户为先也有不同的行为准则梳理，例如，任何一个员工找到人力资源部人才发展的同事询问社保，后者不能说不知道，而是要把员工带到负责的同事那里。又如'团队'所要求的'大局为重'，是说虽然京东在快速发展过程中，每个人都以结果为导向，但是尽管如此，每个人不能只顾自己，而要有大局思想。"

　　收集行为

　　有了价值观的框架，接下来需要收集符合价值观的具体行为。项目组奔赴全国 6 个大区和 1 个客服中心开展"价值观行为工作会议"，一方面，在不影响工作的情况下尽可能扩大宣传范围；另一方面，大量收集能够体现价值观的具体行为。在参与者中，一线员工不少于 1/3。在

"价值观行为工作会议"中，参与者用发散思维的方式提出具体哪些行为符合哪个价值观，又经过合并类似项目的收敛过程，整合成前 20 条。大家投票产生最能体现价值观的典型行为，最后编纂成册。

3 个月的价值观梳理工作结束以后，隆雨发现自己爱上了这家公司。从 2012 年 12 月开始的价值观梳理项目，在次年 3 月已经全面梳理完毕。她感叹道："作为一个'事业经理人'[①]，你在执行这个项目时会有一个期望，我觉得执行下来效果能够达到 40％、50％已经很好了。在外企，可能 1 年的时间，大家还在争吵，没法达成共识。但这家公司给到你的执行结果，很多时候甚至会超过你期望值的 100％，这种成就感是无可比拟的。"

轮训与行为落地

文化的轮训需要实打实地做，隆雨请刘强东对总监级以上人员完成了文化宣贯的首讲，她解释道："文化一定是从上到下的系统工程，Richard 用自己的语言全面诠释共识出来的价值观，对管理者提出要求，这本身就表明了他的态度。"接下来，人力资源部对全公司总监提出要求，

---

① "事业经理人"是指职业经理人将所服务企业的事业视为自己的事业，与企业共同奋斗、志同道合、荣辱与共。在强化原有物质利益的基础上，他们在精神层面实现了更高强度的利益捆绑和命运连接。

每一位在职总监需要给其下属进行至少 1 场文化宣贯。项目组还形成了 1 个由 6 个人组成的课前辅导小组，专门负责对管理者进行一对一的课前辅导，并开展了 1 场为期 3 天的针对 60 名专兼职文化讲师的培训。这些讲师都是来自各个部门的管理者，每个人要经过几次试讲才能算合格。

　　讲师们不仅需要按照流程完成授课任务，还需要组织来自同一部门的学员提交产出，即学员通过投票共同选出最应当强调和改进的 5 个行为。这些结果被制成海报贴在部门的墙上，用于时刻自我提醒和改进。一些典型的成果还被刊登在公司内刊上，作为公开的承诺。在 2013 年 8 月底之前，在 5 个月的时间内，京东全国 32 000 名员工全部完成轮训，共 1 500 场。每一个人都签了字，代表接受过培训，承诺将遵循新的价值观。"这种轮训的过程，在跨国企业是不可能实现的，"隆雨感动地说，"这家企业强大的执行力和炽热的内在动力让我深受感动。"

　　为了让新版价值观不只是挂在墙上的口号，而是实实在在落实到京东人的行为中去，京东实施了价值观的"积分卡计划"。价值观卡的正面写着刘强东对所有京东人的一句话："您对价值观的坚守，正在帮助我们成为一家伟大的公司。"所有管理者手上都有 3 张价值观积分卡，且被要求每个季度需要发出 3 张卡，授予在行为上展现京东文化核心要素的员工。积分可以兑换精神和物质奖励，包括徽章、小奖杯、购物卡等。经过层层向上推荐，行为最能体现京东价值观的员工可以得到本体系 CXO 授予的更高分值的卡片。当积分累积到一定程度，即可角逐"季度文化之星"和"年度价值观之星"，有机会登上京东年会的舞台。

在摸索中深入变革

在得到刘强东的大力支持后，隆雨和团队经过不懈努力，对企业文化进行了梳理（见图 4.2），京东在 2013 年经历了一个从老板文化到京东文化的蜕变，全员的参与使得企业文化不仅是老板的事，而且成为大家的共识。价值观的梳理和宣贯、人才盘点都只是人力资源管理的基础工作，人才观也不能停留在口头上。在这个共识的基础上，2014 年下一步的人力资源变革开始触及真正的"痛点"：绩效考核、薪酬激励、人才的识别与培养等，无不关乎每一位员工的现实收入和未来发展等切身利益，而对企业文化的共识提供了一个决策价值观指南。

隆雨感到刘强东给予了自己所领导的人力资源部越来

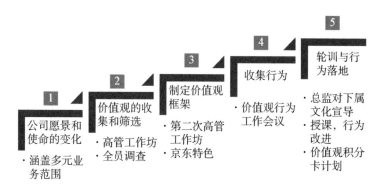

图 4.2　企业文化梳理的过程

越高的信任，刘强东也时常参考她对重大决策的意见。她
很清楚，只有得到创始人和 CEO 刘强东的支持，她所推
行的管理上的变革工作才能真正深入推动下去。隆雨认
为，女性独有的特质，让她自然而然成为高管之间的"黏
合剂"。"这个组织给了我舞台和机会，让我看到哪个地方
该打油了，哪个齿轮实在不行了，得更换，或者哪个零件
不适合。我可以在整个机器的运转中，发挥自己的影响
力。"刘强东也因为慧眼识英雄，让他能在企业开始转型
的过程中，借助隆雨的能力，为京东的企业文化打下厚实
的基础。

随着科技飞起来

时代正在快速剧烈变化，眼下正掀起云计算、大数
据、人工智能、基因技术等科技热潮，而京东一直处在互

联网产业的风口浪尖。在 2017 年 2 月的年会上，刘强东提出："下一个 20 年，京东只有技术！技术！技术！"变化开始于 2016 年，京东先后成立 X 事业部和 Y 事业部。X 事业部侧重智慧物流开放平台，承载了京东无人机、无人车、无人仓、无人配送站等一系列智慧物流项目。京东 Y 事业部侧重智慧供应链能力的打造，核心目标是利用人工智能技术来驱动零售革新。

如今京东的定位已从当年的"3C 电商"变成"以供应链为基础的技术与服务企业"，京东也已成为中国最大的自营电商平台。背靠强大的供应链基础设施，京东形成了包括零售、物流、健康、京东科技和达达集团在内的 5 个重要子集团。2020 年 6 月，京东在香港二次上市。一直以来，品控和物流是京东最大的竞争优势，凭借又快又好的服务，京东依托自营物流、采购能力，构筑强供应链壁垒。

如今，世界已经从零售数字化走向产业智能化，与 20 年前的消费互联网革命相比，如今面临的是产业互联网革命。自 2019 年起，京东从自营零售逐步走向供应链开放，如今的京东已不再是一个单纯的自营零售电商平台，身处的赛道也变成"一体化供应链"。作为这条赛道的先行者，京东将以自身能力赋能更多行业和企业，深入供应链上游，从体系上提升整个经济的运行效率。

第5章 旭辉集团：行者精神的打造

在乌卡（VUCA）时代，"韧性"已成为一个热门词汇，很多人都在谈如何拥有强大的内心力量，去战胜挫折和逆境。近几年，韧性从心理学领域逐渐拓展至管理学领域，越来越多的企业开始关注组织层面的韧性。如何打造一个高韧性的组织，以帮助企业渡过难关，甚至实现弯道超车？在研究组织韧性的过程中，我采访了旭辉集团的总裁林峰和副总裁兼综合管理中心总经理葛明，对旭辉长期打造的行者精神印象特别深刻。韧性文化在组织内的塑造和提高是一项长期而又复杂的系统性工程，特别是企业的领导者对塑造组织的韧性文化有重要的作用。在本章，我们展示了旭辉集团创始人林中先生如何将个人韧性注入组织文化基因中，以及员工和人力资源管理体系等制度要素在旭辉最终形成和传播"行者精神"中发挥的作用。

创始人的"行者精神"

旭辉集团的创始人林中非常重视企业文化，尤其是"行者"文化。作为地产界的"行者"，林中被行业誉为"地产战略家"。尽管中国房地产的发展历经风云变幻，但林中将长期主义、目标导向和执行导向贯彻到旭辉的重大决策中，每一次都能精准把握市场大局，带领旭辉踩准节奏，从容应对楼市起伏。在2000年创建之初，旭辉仅有几十亿元规模，到2021年，旭辉的总资产规模达到4 328亿元，净资产1 074亿元，全年营收1 078亿元，并跻身中国房地产行业企业综合实力的第13位。这种快速增长对韧性文化的发展带来了巨大挑战，因为对既有文化的共识会随着人员规模和团队规模的扩大而被稀释。旭辉一直坚持关注组织文化的打造，比如，从2014年开始，连续8年举办"行者无疆杯"戈壁徒步挑战赛。经过多年的发展，旭辉已经形成了特有的"行者"精神，在一步步戈壁徒步和商业攀登中去感受、实践和发展"理想、拼搏、坚持、超越"的真谛。

一系列戈壁徒步活动的举办不仅培养了组织整体对"行者精神"的认同，也为旭辉塑造"行者"形象、展示"行者精神"提供了沃土，"行者精神"成为旭辉韧性文化的最佳"注脚"。林中把经营企业当成戈壁徒步，在那个房地产"最好的时代"里，旭辉不是台前最耀眼的那个，也不是走得最快的那个，却是最坚持"行者精神"的那个。

"行者文化"的发展

旭辉集团 2000 年成立于上海，其控股股东旭辉控股（HK.0884）于 2012 年在香港主板整体上市，是一家以房地产开发、商业运营和物业服务为主营业务，致力于"成为受人信赖的城市综合运营服务商"的综合性大型企业集团。

自成立以来，旭辉一直秉承"用心构筑美好生活"的使命，在全国及海外近百座城市开发了 600 余个项目，服务了逾 60 万名业主。旭辉旗下拥有地产开发、商业综合体开发、物业与城市服务、租赁住房、代建管理、绿建科技、创新教育、健康及养老等业务。旗下物业与城市服务板块旭辉永升服务（HK.1995）于 2018 年在港交所上市；商业综合体板块旭辉商业在 22 个城市拥有项目储备超过 278 万平方米；租赁住房板块旭辉瓴寓已布局全国 21 座城市，管理超过 8 万间房源，运营超过 31 个租赁社区。2021

年，旭辉总资产规模达 4 328 亿元，实现全年营收 1 078 亿元。2022 年，旭辉连续 5 年上榜福布斯全球企业 2 000 强，连续 10 年上榜《财富》中国 500 强，荣列 2022 中国房地产开发企业综合实力 500 强第 11 位。

初始阶段：爱拼才会赢

处于第一个发展阶段的旭辉和其他初创企业一样，主要目标是生存。在发展的初始阶段，公司没有正式的文化声明或宣言，文化更多是隐性的，只是存在于旭辉创始人林中和领导团队的头脑中，员工对组织文化缺乏直接清晰的认知。

1992 年，24 岁的林中在厦门创办了旭辉的前身——永升物业服务公司。"创业的心态和动力很简单，就是想靠自己的双手改变命运。"林中从小就想着奋进拼搏，福建人最爱唱的一首歌是《爱拼才会赢》，闽商的"拼搏"精神在林中身上体现得淋漓尽致。初创的永升最初做销售代理业务，一年后转型进入地产开发市场，成为置业公司永升旭日。随着中国房地产业进入高速增长的阶段，林中再度做出了一个影响企业未来发展的关键性决定——转战上海。2000 年，林中正式将公司总部迁往上海，并创建旭辉。从厦门转战上海，最大的动因是要将企业做大做强，"你想成为房地产的大企业，你一定要到房地产的高地去，水深才能养大鱼，花盆难栽万年松"。此时的林中坚定地认为，随着中国房地产的市场化，中国房地产市场将迎来快速发展的契机，厦门、珠海、三亚等经济特区的先发优势也将慢慢减弱，而上海、北京等大城市的规模优势将逐渐显现。因此，他毫不犹豫地放弃了在大本营厦门一手开创的大好局面，带领创业班底来到上海，创办了旭辉集团。尽管在当时，从厦门转战上海有很大的不确定性，但有类似价值观的创业班底也认同和支持林中的决策，尤其是林中的躬体力行让早期领导团队强烈感受到目标导向，总部迁移的变革也得以顺利实现。不过部分员工仍对这样的"冒险"行为持怀疑和观望态度。

来到上海的旭辉正式进入了发展的快车道，但是 2006 年，林中开始了更深层次的思考。林中回忆："当时身边很多朋友做投资赚了很多钱，我面临着做企业家还是做投资家的选择。如果做投资家，可以既有钱又能过上高品质的生活；而如果做企业家，就要有企业使命、愿景，要把企业做成百年企业，希望企业造福社会、客户、人类，这也就意味着选择苦行僧的生活。"林中很羡慕那些投资家，但他最终还是选择做了企业家，因为在林中的企业愿景中，为客户创造更大价值、为员工创造更大平台、为社会做贡献、为后人留榜样才是发展企业的终极目标。坚定了做企业家的信念后，林中和他的领导团队为旭辉共同确定了"用心构筑美好生活"的使命，并一直沿用至今。

在文化发展的初始阶段，旭辉的行者文化表现为从隐性的文化假设转变为可识别的文化价值观。初创时期的旭辉对企业文化并没有正式或明确的价值宣言或表征，而伴随着发展规模的扩大，旭辉正式提出"用心构筑美好生活"的使命宣言，这成为界定旭辉存在的重要理念和价值观。总的来说，文化在发展初期主要依赖于自上而下的决策和行动来进行传递和渲染。在这一阶段，传播这些隐性假设的主体主要是组织的创始人和领导团队，而非专门的制度或机构。2012年就加入旭辉、现任集团助理总裁兼运营中心总经理的李扬从旭辉的发展中也体会到："一个企业真正核心的组织文化基本上就是创始人的一些文化，这是没办法去剥离的。"

形成阶段：韧性文化的打造

文化的形成过程关注的是将组织价值观转换为正式和非正式的管理制度和工作流程，比如管理制度和政策、工作流程、故事传说、仪式和典礼等。在文化的形成过程中，组织的这些制度设计被赋予了韧性价值观。在这一过程中，组织成员能通过可观可感的制度和政策来更广泛地认识和解读其背后的文化价值观，形成与组织韧性价值观的互动。

2012 年是旭辉"一五战略"的开局之年，也是旭辉在香港主板成功上市的节点，上市是旭辉发展历史上的第二个里程碑事件。旭辉在"一五战略"期间要实现的销售业绩目标是从 100 亿元到 500 亿元。为了实现这一目标，旭辉重新梳理了文化体系。旭辉的文化在这一时期的发展特点是通过定义实际行为来将价值观纳入组织文化。除了秉承"用心构筑美好生活"的使命外，旭辉还提出要致力于构建"简单、公平、阳光、尊重、信任、开放"的文化氛围，倡导"快乐、健康、丰盛、进步"的员工价值主张，让员工在职业、简单、阳光的氛围中安心工作，既感觉到归属感和凝聚力，又收获成就感。同时，还将旭辉人定义为"一群精英和想成为精英的人，是一群简单、阳光、职业化的精英"。旭辉对自身文化体系的梳理是自上而下的，并且明确对旭辉员工进行了"精英"身份的建构，将追求身心健康与进步的目标纳入员工的价值主张。

培养执行力为核心的人力资源管理

有了清晰准确的战略和文化之后，考验的是企业的战略执行力。为了更好地实现战略目标和落地价值取向，旭辉提出了以"五高"（高薪酬、高标准、高绩效、高关怀、高成长）为核心的人力资源管理体系来打造战略执行力。"五高"战略着眼于人才，从人才吸引、培养、激励和成长等各环节入手，在组织、人才、机制和文化等多维度设计了关键选择和核心举措，确保形成高质量的人才供应和高效的组织执行力。旭辉集团助理总裁兼运营中心总经理李扬也是 2012 年加入旭辉的，回忆起当时，他感叹道："这一系列的人力资源举措在这个阶段吸引了外部大量头部企业的高管……当时旭辉整个人力资源体系奠定了它未来 10 年发展的基础。"

同时，旭辉集团副总裁兼综合管理中心总经理葛明还强调："人力资源要冲到前面，成为文化的布道者和卫士，不断地进行影响和渗透。"让人力资源成为文化布道者，一个重要体现就是将文化价值观植入人力资源招聘、培训、评价和激励等各个模块和细节中。

推行戈壁的"行者精神"

尽管旭辉在文化价值体系中明确了目标导向和精英导向，并通过一系列人力资源管理制度来提高和强化执行力，但仍有一些员工不知道如何将这些价值导向转化为工作行为，还有一部分员工面对高目标感受到巨大的压力。

2012 年，旭辉在香港成功上市，企业文化加入了对"快乐、健康、丰盛、进步"的追求。因为要倡导健康，林中希望能在公司内部推广一项全民健身运动。相对于跑步、马拉松而言，徒步的门槛较低，只要穿一双舒适的鞋子，就可以随时随地进行这项运动，而且安全系数比较高。另外，登山、马拉松很多都是以个人英雄主义为主的，旭辉的徒步体现的是一种团队的精神，强调团队的荣誉感。

在徒步的初期，旭辉会选择到周边比较好的徒步道路进行徒步，但是这跟平时的生活、工作场景还是很接近，不能让人完全脱离出来，更好地进行思考和探索，也不太容易让人有成就感，让人坚持下来。于是，旭辉想到了要给徒步增加点"仪式感"，即"让走路也有精神追求"，这才有了 2014 年旭辉的首届"行者无疆杯"戈壁徒步挑战赛。戈壁徒步很契合旭辉的企业精神，体现了拼搏、坚韧不拔、超越这些核心元素。通过徒步，参与者能更好地践行旭辉的文化和价值观，熔炼团队，这是旭辉选择戈壁徒步的出发点。

第一次举办挑战赛的时候，旭辉控制了规模，组织了100 人左右，10 支队伍，在公司内部也进行了充分的准备和培训。经过这些准备后，旭辉的第一届戈壁挑战赛比较成功，在过程中大家都有很好的体验，回来的时候很多人都开玩笑说："如果你爱一个人，就带他去戈壁；如果你恨一个人，也请他去戈壁。"

"行者精神"的 IP——韧性文化的打造

从 2014 年开始的戈壁远征不仅增强了员工的体魄，也打造了独特的"行者精神"文化 IP。这一 IP 具有丰富的韧性文化内涵，涵盖了包括目标导向、执行导向和团队导向等在内的韧性元素。

目标导向。戈壁徒步从发起就具有明确的目标导向，这一导向不仅意味着树立高目标，还意味着在追求高目标过程中的长期主义和永葆初心。回忆起戈壁徒步的初衷，林中说道："上市之后，旭辉面临着很大的挑战。很多员工认为我们'一五'定下的从 100 亿元到 500 亿元的目标太高了。我们就是在那个时候提出了'消灭合理，挑战极限'。很多人走完戈壁，就会发现自己的潜力很大，再高的目标都显得没那么高了。"旭辉集团副总裁兼综合管理中心总经理葛明同样感叹："走戈壁的过程是一个去见证心中理想的过程……走过戈壁你就会发现，没有你做不到，只有你想不到，如果你连想都不敢想，那就根本没有实现的可能。"旭辉的徒步文化是旭辉"行者精神"的最佳写照，而且经过连续多年的戈壁徒步活动，旭辉人也明白，要完成全程，考验的不是谁走得最快，而是谁更有耐力。因此，林中不止在一个场合强调："我从来都不追求旭辉要跑得最快，但一定要追求成为走得最远的那个。"他带领下的旭辉在跨过千亿元后，在关注企业规模的同时，也更加关注企业的均衡增长，因为平衡才能活得长久。

执行导向。很多人都在谈梦想，而旭辉更多的是谈如何去实现梦想！去戈壁就是要让脚步跟上我们的梦想，为梦想去实现！林中认为，在戈壁里行走的每一刻，就像旭辉人向着目标前进、一步一个脚印的过程。旭辉集团总裁林峰同样认为："戈壁中的每一天都像我们在奋斗中的每一天，我们很认真地去对待我们的每一天，很认真地去走我们的每一步，用我们的每一步去为我们的梦想做每一天的拼搏。"在这个行走的过程中，旭辉的创始人和高管团队发展出了"三身原则（身体力行、身先士卒、以身作则）"。林峰感慨道："大家能去的地方我也能去，大家走的路我也一样走完了，我们弟兄们一起走。"正是创始人和高管团队的身先士卒带动了各层管理人员和员工们跟着去践行，从而形成了整个组织的高效执行文化。在戈壁的环境中，要到达终点还需要坚持。"伟大是熬出来的，"就像林峰曾经说过的，"我们只要多坚持一分钟、一公里，我们或许就能看到胜利的希望"。此外，追逐目标过程中的节奏感也很重要，就徒步而言，不是一味讲究快，徒步取胜的关键不是速度，而是对节奏的把握。林峰表示："在最后胜出的队伍中，我们看到的不仅仅是勇气和坚持，还看到了日常的训练、精心的准备、每一天的总结与策略的调整。比如，每一天的路程远近不同，走的地貌不同，队员的体力和健康状况不同，与其他团队的时间差距不同，好的队伍会总结一天的得失，调整队员的分工，制定隔天的策略，有勇有谋，从而走得更成功。"

团队导向。旭辉选择了徒步运动，原因之一是徒步体现了一种团队精神，强调团队荣誉感。旭辉的徒步有一个奖项，即"沙克尔顿奖"，这个奖项强调的是所有人要全员完赛，唯有个人与团队共同抵达，才是最好的胜利。团队导向彰显了"不抛弃，不放弃"的精神，也指出了成功之道——"一个人走得快，一群人走得远"。茫茫戈壁中的一个人是渺小的，在现代社会的竞争中亦然，但团结的团队可以使我们更强大，正如旭辉"胜则举杯相庆，败则拼死相救"的团队互帮互助文化，这种更有凝聚力、向心力、目标感的团队文化不仅是完赛的关键，也是旭辉战胜困难挫折的关键。

在"行者精神"发展的第二阶段，旭辉通过一系列正式和非正式的制度设计，将"行者精神"暗含的韧性价值观转化为物质现实，并通过配套的"五高"战略和"组织、人才、机制和文化"四大支柱维护和落地了组织对韧性的期待。更具创意的是，旭辉通过戈壁徒步的活动形式进一步加深了旭辉人对组织倡导的目标导向、执行导向的认知和体验；成员的共同参与又丰富了"行者精神"的韧性内涵，不仅为目标导向和执行导向提供了行为参考，更是成功地将团队导向、彼此信任纳入了"行者精神"的范畴。在这一阶段，无论是人力资源管理体系，还是戈壁徒步等集体行动，都是组织"行者精神"可见、可感的代表，同时也定义了组织成员"行者"形象的行为准则，使抽象的韧性价值观变得更具体和更具操作性。

强化阶段：组织和人才战略

在"二五战略"开端的 2017 年，旭辉再次迎来了企业发展史上具有里程碑意义的一年。旭辉在 2017 年度销售额首次破千亿元，跻身中国房地产企业销售 15 强。跨越千亿元高峰之后，旭辉将"二五战略"期的企业愿景确定为"成为全球化世界 500 强企业"。同在 2017 年，旭辉获得怡安翰威特"年度中国最佳雇主"称号，成为业内标杆。

伙伴导向

在成为千亿元房企之后，旭辉继续通过戈壁徒步发展"行者精神"，并在原有的"行者精神"基础上发展出了"伙伴导向"，将外部的伙伴也纳入企业的发展中来，从而扩大了合作伙伴的范围，增强了企业与外部的联系和互动。2017年的戈壁徒步率先邀请了外部队伍参加；2018年，旭辉把"戈壁徒步赛"延展到"城市公益徒步赛"；2020年，旭辉发起"旭辉公益林"项目，以参赛者的名义对旭辉林进行捐赠并种下树苗。通过戈壁徒步＋城市徒步＋公益林种植等多样化形式，旭辉不仅向外部传递了积极向上的企业文化，也将自己的社会责任感融入活动中，让每一步都意义非凡。这些努力使得徒步文化在旭辉内部和外部的推广更加深入人心，与越来越多的伙伴携手并肩，让旭辉走向了更加广阔的发展空间。

旭辉通过戈壁徒步发展了"行者精神"，让徒步成为旭辉人丰盛生活方式的重要组成部分。在徒步精神的背后，旭辉行者们展现出的是一个组织的目标感、执行力、团队力和伙伴情怀，这是一个企业笃行不止的精神所在。从2014年的58公里，到2015年的88公里，再到2017年的128公里，乃至2021年的137公里，旭辉的徒步挑战赛历程不断增加。持续攀升的规模和距离不仅诠释了旭辉追求卓越的奋斗精神，也见证了旭辉从 2014 年完成销售额 202 亿元，2015 年完成销售额 300 亿元，2017 年销售额突破 1 000 亿元，再到 2021 年实现销售额 2 473 亿元的不断突破（见图 5.1）。在李扬看来，旭辉突破 1 000 亿元、2 000 亿元销售大关就像戈壁行走的 137 公里，每一次行走，都是从零开始，一步一步走到终点。在"行者精神"的陪伴下，旭辉的成长永不止步。

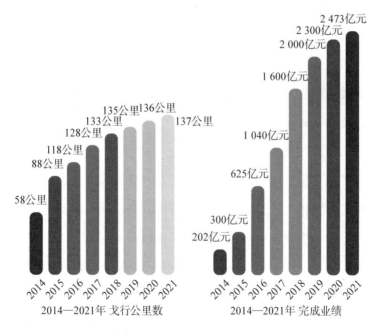

图 5.1　旭辉 2014—2021 年戈壁徒步里程与业绩

发展带来的挑战

旭辉在 2017 年开局之年的成功延续了"一五战略"期的发展势头。然而,在快速扩张的背后,旭辉面临着多个挑战。机制方面,总部与地方项目代理问题日益频发,地方项目团伙或个人贪腐问题不断;组织内部方面,快速成长给组织管控和人才供应链带来了压力,很多中高层管理者被外部企业挖走。葛明回忆道:"在一个事业部里,9个部门负责人中有5个都被'挖出去'做总经理。这些员工短期内在旭辉无法获得总经理的机会,但在外面类似平台上不仅可以做总经理,而且薪酬基本翻了两三倍。"同时,行业方面的竞争越来越激烈,行业集中度加速提高,宏观调控政策越来越难以预测,利润率下降,传统的规模取胜和资源投入模式难以为继。

打造六高组织和人才战略

为了应对这些挑战,旭辉在人力资源方面提出了"六高"组织和人才战略,包括高目标、高认同、高活力、高供应、高绩效和高激励。主导这次改革的葛明认为:"我们要打造一个高效的人才供应链,你不能阻止你的人被挖,你能做到的就是不断地培养更优秀的人才,这样才能保证组织是有弹性和韧性的。"与"五高"战略不同,"六高"战略更加注重员工对组织文化的认同和追求挑战的精神。旭辉还通过升级组织、人才、机制和文化四方面的落地策略和举措，不断提高人才的供应弹性和韧性，打造一个高效的人才供应链，以支撑业务的长期发展。在人员流动方面，旭辉稳定的人才供给为其提供了智力资源和文化韧性的支持。在"六高"战略的支持下，旭辉在"二五"期间普通员工的内部成长率也成功地从70％提高到了80％以上，高层内部成长率达到90％以上。在人员流动方面，高管层在旭辉的平均工龄达10年以上，中高管理层也只有10％的人员流动率，远低于行业平均水平。

在不断强化内功的同时，旭辉在"二五战略"期间面临着增长模式上的挑战。林中预判房地产行业将从高速增长的步调回调到平稳健康的常态化发展，企业不能靠增加财务杠杆去追求规模的扩张。林中的这一担心不无道理，2016年底房地产市场进入新一轮的政策调控，2017年、2018年、2019年连续3年在重大会议和报告中提及房住不炒定位。为了守住财务底线，旭辉放弃了在行业中的排名增长要求，而是更加关注均衡增长和质量的提高。旭辉强化了内功，打造了"财务铁三角"，注重增长率、负债率与利润率三者之间的平衡，从而保持良好的业绩和盈利能力。旭辉不随大流，追求"均好发展""有质量的增长"，尽管被外界质疑发展速度过慢，但林中认为，"与其说旭辉是一匹'黑马',我们觉得旭辉更像一位'行者'"
"从来都不追求旭辉要跑得最快,但一定会追求成为走得
最远的那个"。

主动蹲下来

在"二五战略"期过半的 2020 年,新冠疫情突然暴
发,房地产项目开工受阻,销售停滞,行业资金链紧张。
2021 年,在去杠杆化、去金融化的大趋势下,叠加疫情
的反复、持续走弱的全球经济和一些省市出现的"断贷
潮",房地产市场一再探底,同行企业纷纷出险。尽管旭
辉保持了良好的财务纪律,但在行业整体调整的冲击下,
旭辉也难以独善其身。为了应对周期逆境,旭辉从 2021
年开始全面实行战略收缩,主动"蹲下来"。林中说,蹲
下来不意味着消极,如同在戈壁行走,身体极度疲劳时,
先蹲下来歇会儿,再出发后会走得更远。为了适应周期
调整的节奏,旭辉聚焦销售、交付和财务,简化总部职
能,减少管理层级,在投资拿地上也更加谨慎。

同时,在年度高管会上,林中再次用走戈壁的经验激
励员工:

"有一年,成本中心的老马,将近 200 斤的体重
让他后期走得特别费力,只能慢慢地走。本以为只能

垫底了，没想到坚持到最后，别的队伍并没有赶上来，自己的队伍还超过了前面一队，因为那个队有人突发心脏不适，最后老马团队拿下了第三名。在敦煌遇到极端沙尘暴的时候，不要慌，不要激进地往前冲。这个时候要做的事情是坚持，不放弃。房企现在遭遇的就是极端灾害，所有人都不好过，这个时候坚持比一切都重要。"

在这个阶段，规模扩大和外部种种变化带来的问题，不断挑战着旭辉面对逆境和解决问题的能力。旭辉主动"蹲下来"，并对整个大运营体系开始进行变革，一切以"活下去"为目标。创始人林中一直推崇"行者精神"的韧性文化发挥了重要作用。他经常根据韧性的核心要素来解释、重申和澄清旭辉的优先事项，让旭辉人"重新回顾理想、初心和使命"，使坚持长期主义的韧性文化在狂飙的现实中合理化。此外，他和团队还果断采取行动方案，"财务铁三角"和"六高"组织人才战略，以及周期逆境关头采取的即刻反应，都让旭辉能继续保持强劲的生命力，从而披荆斩棘，渡过难关。

蜕变阶段：蹲下来，活下去，站起来！

整个房地产行业在 2022 年面临着尤为严峻的挑战，旭辉的处境也极为艰难。2022 年上半年，旭辉销售额只有 631.4 亿元，同比减少 53.6% 以上。林中坦言："2022 年是我从事房地产业 30 多年来最艰难的一年。"站在这样优胜劣汰、迭变重整的行业关键转折点上，林中坚信民营企业在机制和反应上的优势，坚信旭辉在逆风下的韧性，"在这个最艰难的时候不抛弃、不放弃、不躺平……旭辉一定能安然度过调整期，成为'剩者为王'的胜出者"。

这一时期，林中也在利用过去和现在的经验来阐释和重申旭辉的韧性，巩固大家穿越行业周期的信心。旭辉要"蹲下来，活下去，站起来！""蹲下去"不意味着消极，是用时间换空间，解决现金流的压力。林中在危机之下没有选择"躺平"或当"逃兵"，这显然大大增强了旭辉人一起走下去的决心和信心。葛明感叹："大家都相信旭辉，对旭辉都是认可的，都坚信我们能穿越这个周期，我们能重新站起来。"尽管因为疫情等原因，旭辉近两年没有组织戈壁挑战，但李扬对未来的戈壁之行仍抱有强烈的信心："我相信我们会一直走下去，林董也会继续去做，因为我相信林董是一个韧性很强的人，他也会随时去做调整。"在旭辉 22 周年致辞中，林中还发布了旭辉调整后的愿景与核心价值观：愿景从过去追求成为全球 500 强企业转变为成为城市综合运营商，强调企业做大做强的同时也要做到精致和美好；在核心价值观方面，除了强调以客户为中心，还加入了简单、坦诚、务实、高效、追求卓越、拥抱变化、团结协作、奋斗共赢等元素。长期主义的发展模式、高效的执行文化、互助团结的精神都被提到了前所未有的高度。同时，旭辉还提出了"二次创业"的理念，旭辉的"二次创业"要"走轻重结合的战略道路"，依靠"同心圆战略"大力发展轻资产业务，构建"轻重结合"的业务模式。

穿新鞋，走新路

为了适应新的发展阶段和发展战略，旭辉发起了架构精简、人员缩编、投资节流和运营放慢等管理和业务上的调整。以人力资源管理为例，旭辉避免做出短期的裁员或降薪，而是以这次危机为契机，借助行业调整，重构了旭辉未来长期的组织和人力资源"底座"，包括变革收缩组织管理架构，回归以岗位为中心的职级职位和薪酬体系，以及以培养复合型人才为导向的人才标准。旭辉还掀起了内部创业行动，基于原有的设计资源、科技资源和管理资源等孵化创业平台，积极开拓一切可能的机会。当行业和商业模式发生改变时，组织成员能否保持拼搏奋斗精神和持续创业精神？在韧性文化的支撑下，葛明对旭辉的未来充满信心，他说道："林董常说，'应对行业未来的改变，我们要穿新鞋走新路'。现在是行业的寒冬，也是至暗时刻……但在行业的寒冬下，我们将一起抱团取暖、携手前进，扛过去，去迎接即将到来的春天。"

旭辉韧性文化的蜕变阶段调整和重构了韧性符号，并基于当前经验和对未来的预期修正了韧性文化最初的基本假设。在韧性文化的蜕变过程中，组织的创始人需要持续地通过与员工和利益相关者的沟通，积极宣传韧性价值观，让成员逐渐意识到这些价值观对公司度过危机走向成功的重要性。只有当组织成员逐渐意识到，正是这些韧性信念、价值观和经营理念支撑着组织度过危机走向成功，并且这些韧性信念和价值观必定"正确"时，它们才能得到所有成员的认可并且深入人心。由此，蜕变后的韧性文化才能发挥更久远的作用。

林中认为，旭辉是一家追求均衡发展的企业，稳健是旭辉的特质。旭辉的长期导向帮助其在财务、产品和服务等方面树立了注重质量和风险控制的组织惯性，从而建立了稳健的经营基础。这种稳健的经营风格不仅让旭辉在行业竞争中保持优势，还使其具备了更强的抗击危机的能力。

打造人才梯队，提高组织认同

一直以来，旭辉在发展过程中就很重视人才，林中始终认为，人才是企业经营与发展的根本，员工是宝贵的财富。为了实现不断提升的目标，旭辉一直坚持前瞻性的顶层设计，确保组织和人才策略可以有效地支撑其战略的落地，在"一五战略"和"二五战略"期间，旭辉先后搭建了"五高（高薪酬、高标准、高绩效、高关怀、高成长）"和"六高（高目标、高认同、高活力、高供应、高绩效和高激励）"的组织和人才战略，并在组织、人才、机制和文化四个维度细化了具体可操作的执行策略。系统地在人力资源管理体系中融入韧性价值观，帮助旭辉更广泛地吸引和培养那些认同旭辉长期导向、理想主义的优质人才。在2012年加入旭辉、现任集团副总裁兼综合管理中心总经理的葛明坦言，最初选择加入旭辉与创始人林中身上的长期主义、理想主义有关。葛明回忆道："我加入时，旭辉的规模很小，也不太知名……那个时候吸引我加入旭辉的一个很重要的原因是当跟我们的创始人林中董事长聊天的时候，我发现他是一个非常有理想和追求的企业家。"同时，将韧性文化贯穿于人力资源和人才发展也进一步提高了员工对组织的认同，尤其是让旭辉的中高管理层队伍保持了较高的稳定性，人员流动率也远低于行业平均水平，确保了组织和业务的稳定发展。

　　旭辉的韧性文化在人才发展方面的作用，不仅体现在一些具体的措施上，更重要的是在人力资源管理的顶层设计中融入了韧性价值观，使其成为公司文化的核心，帮助旭辉打造了一支优秀的人才梯队，并且强化了人才池的建设。这种韧性文化在吸引、留住和培养优秀人才方面发挥了重要作用，使得旭辉吸引了那些认同公司长期导向和理想主义的人才，从而为公司提供了稳定的人才支持。这些优秀的人才和高绩效的员工成为旭辉应对外部挑战的重要力量，使公司在面对危机和风险时具备了强大的抗打击能力，并帮助组织更好地应对外部的挑战。

第6章 玫琳凯：“丰富女性的人生”

在我的研究领域中，我对女性管理者和企业家充满了兴趣，开发了一些商业女性领导的案例。玫琳凯·艾施（Mary Kay Ash）女士是我最敬佩的女企业家之一，她曾被《福布斯》杂志评选为全球最具传奇色彩的女性之一，并作为唯一的商界人士，与居里夫人、希拉里·克林顿一起荣获"20世纪最有影响力的女性"的殊荣。她创立的玫琳凯公司以"丰富女性的人生"为使命，为全世界的女性，提供了前所未有的经济独立、无限的个人发展和个人成就的机会。玫琳凯·艾施女士所取得的成功在美国商业历史上留下了深刻的印记，同时也为全球的女性树立了一个优秀的典范，不断激励她们追求卓越，创造属于自己的成功故事。

玫琳凯化妆品有限公司（简称"玫琳凯公司"）于1995年首次进入中国，成为最早进入中国市场的国际化妆品品牌之一。随着持续不懈的努力，玫琳凯迅速崛起，并迈进了中国主要美容品牌的行列。2012 年后，我曾多次采访和被邀请参加玫琳凯的活动。让我感受最深的是，玫琳凯之所以是玫琳凯，主要是因为其独特的企业文化和管理理念，这也是玫琳凯成功的重要因素。但我当时很好奇，中西方文化的差异，是否会影响玫琳凯的企业文化在中国的发展。但事实证明，有些价值观是没有东西方区别的。玫琳凯的 P&L 理念不仅指一般企业所追求的利润和亏损，而且代表着"人与爱"。在玫琳凯看来，这两重目标并不矛盾，而立足"人与爱"的企业文化反而会促进企业健康持续地发展。即使在中国这样一个大部分企业都在追求经济效率的背景下，玫琳凯的"人与爱"的理念同样有生存的土壤。讲到文化的适应性，玫琳凯强调黄金法则，即"你要别人怎么对待你，你也要怎样对待别人"，这与中国《论语》中"己所不欲，勿施于人"的思想是完全符合的。又比如玫琳凯所提倡的"乐施精神"与中国的传统价值观中的"仁爱"相契合，"仁"的核心思想是以人为本，体现了对他人的关爱和责任感。玫琳凯无时无刻不在鼓励员工将这些价值观运用到每一天的生活和工作中，成为她们的生活之道。

　　2001 年 11 月，玫琳凯女士在美国家中辞世。虽然她已经离开人世，但她留下的人生故事和创建的企业，还有写过的三本畅销著作《玫琳凯谈人的管理》《我心深处》和《你可以什么都有》，都彰显了她在管理艺术、热情敏锐以及克服艰难险阻方面的非凡才能。从她的著作中，能看出她清楚地理解文化和价值观对企业最终利润的影响。管理学学者约翰·科特（John Kotter）认为，领导艺术是创建一种愿景，促使他人向那个愿景看齐，然后激励他们去实现这个愿景。正是因为"丰富女性的人生"的信念，玫琳凯企业使命的履行结果也好得出人意料，数以万计的女性在玫琳凯的激励与资助下，提升了自尊与自信，并将自己的梦想逐一实现。这也就能理解，时至今日，为什么玫琳凯公司的领导者觉得并不是很难找到公司的方向，也很容易确定符合公司创始人目标的航向。这个案例将带你了解玫琳凯本人和玫琳凯文化在中国如何落地和沉淀，进一步影响更多的人。

玫琳凯的创业故事

　　玫琳凯女士出生于 1918 年美国德州休士顿市。自从 6 岁开始，她就担负起照顾因患肺结核而卧床的父亲的责任，而母亲则在一个餐厅中每天工作长达 14 小时。尽管生活困难，乐观的母亲总是鼓励她，对一切事情都要充满信心，几乎在所有事情上都给她鼓励。每次遇到新的、艰难的任务时，她的妈妈总是用"你能做到，玫琳凯，你一定能做到！"这句话鼓励她。玫琳凯女士将这句话作为自己的信念，并在后来将其打造成了公司的理念，激励着更多未来的女性去追求梦想和成就。

17 岁时，玫琳凯与当地的罗杰斯（Rogers）结为连理。然而，当时正值 20 世纪美国经济大萧条时期，为了维持家庭，玫琳凯开启了她的销售职业生涯。她从销售儿童心理书籍，后来转向直销家用器皿和清洁剂，加入了斯坦利家用产品公司。在这家公司，她的业绩表现出色，但由于当时男性主导的社会氛围，她的意见和建议经常受到嘲笑和忽视。

之后，玫琳凯的人生再度遭遇一场痛苦的考验。她的丈夫服完兵役回家后坚持要离婚，虽然玫琳凯也认识到自己的婚姻并不幸福，但作为虔诚的基督徒，婚姻破裂对她来说是一个巨大的打击。她一度形容这是自己人生中的低谷时刻。

20 岁的她决定把家搬到达拉斯，并成为一位年轻的单身母亲，肩负着照顾 3 个孩子的重任。她展现出常人难以想象的毅力，顽强地完成了自己的大学学业。为了维持家庭开支，她还找到了一份销售家庭日用品的工作。为了激励自己更加努力地工作，她在卫生间的镜子上写下每周要销售的产品数量目标，每天早晨一起床就能看到，不断给自己施加压力。经过 11 年的努力，玫琳凯积累了丰富的销售经验，随后到一家叫作"礼物世界"的直销公司任职。由于她工作勤奋，业绩出色，她赢得了在公司主任委员会的一席之地，并将公司的销售区域扩展到 43 个州。

在创建玫琳凯公司之前，玫琳凯女士已在化妆品直销领域工作了 25 年。凭借其出色的业绩表现和工作能力，她成为公司的全国培训督导。然而，公司的升职机会却没有降临到她的身上，反而是她曾经的一位男性下属得以提薪升职。她感受到职场对女性的不公平。为了让其他女性不再遇到自己这样的遭遇，玫琳凯女士立志要帮助其他女性，让更多女性的生活变得更加美好。她最初的计划是写一本关于帮助女性获得成功的书，但很快她意识到可以通过创办一个更为实际的商业公司来为女性提供更多的帮助与支持。凭借自己的工作经验、商业构想和 5 000 美元的积蓄，玫琳凯女士在儿子理查德·罗杰斯（Richard Rogers）的帮助下，创办了玫琳凯公司。然而，成功的道路总是布满荆棘，就在玫琳凯的公司即将开张前的 1 个月，她的第二任丈夫因急病突然去世。许多人建议她等待一段时间再开始新的事业，但她坚定地决定继续前进。她的坚韧和决心使得她踏上了创业之路，从而诞生了一个传奇。

玫琳凯创办这家企业的初心是为了"让所有女性都能够获得她们所期望的成功"。最初，公司办公室位于美国得克萨斯州达拉斯市的一个仅有 4.18 平方米的小空间。经过 50 多年的不懈努力，这家著名的美容品牌和直销公司已经发展壮大。玫琳凯现已在全球拥有 350 万名独立美容顾问，年销售额逾 40 亿美元，业务遍及全球 35 个国家和地区。

"你能做到"

"你能做到!"（You can do it!）是玫琳凯女士和玫琳凯公司的精髓所在。玫琳凯公司的使命在于"丰富女性人生"。在企业的发展过程中，玫琳凯人一直坚持以下价值观：①"你们愿意人怎样待你们，你们也要怎样待人"的黄金法则，公司绝不是建立在竞争的基础上；②"信念第一，家庭第二，事业第三"的生活优先次序，玫琳凯人相信，公司的出发点是"爱"，当家庭支持你的事业，你获得了足够的安全感，事业自然会成功；③让人感到自己很重要，即"就好像每个人都戴着一个标记，上面写着'请让我感到自己很重要'"；④"不求回报地帮助他人"的乐施精神。

1976 年，玫琳凯公司在纽约股票市场上市。但是上市后，一些股东的关注点开始转向如何赚更多的钱，而不是如何帮助更多的女性成就自己人生，这严重偏离了公司创办的初衷。所以，玫琳凯公司于 1985 年向银行贷款，采用杠杆收购法回购所有流通股票，公司恢复私人家族式经营。1987 年，罗杰斯开始担任玫琳凯公司的董事会主席。2001 年，玫琳凯女士去世，职业经理人贺大维（David Holl）接任 CEO 一职。2023 年是玫琳凯公司成立 60 周年，创始人家族的第三代瑞安·罗杰斯（Ryan Rogers）接棒 CEO。作为一个家族企业，玫琳凯公司的使命和价值观从未改变。这段商业传奇使玫琳凯女士获得无数奖项和荣誉，成为美国最受人尊敬的商业女性之一。

1971 年，玫琳凯公司迈出了走向国际舞台的第一步，在澳大利亚开设了第一家子公司。随后，玫琳凯公司的业务迅速拓展，已遍布全球超过 35 个国家及地区。在玫琳凯公司将企业推向全球化的同时，一直坚持将企业文化渗透到各个子公司。公司的公益事业遍布业务所到达的每一个市场。比如，公司于 2008 年在全球范围内正式提出"玫好家园"（pink changing lives）理念，旨在改变世界妇女和儿童的生活。2021 年启动了题为"丰富当前生活，实

现可持续未来"的 10 年期可持续发展战略,以期在 2030
年前赋能全球 500 万名女性。

全球使命:丰富女性的人生

围绕玫琳凯公司的"丰富女性的人生"这一全球使命
(见图 6.1),玫琳凯中国提出要努力满足女性的八大需
求——美丽自信、家庭和谐、人际关系、学习成长、财务
独立、健康休闲、成就荣耀、心灵和谐。这八大需求的满
足充分体现了玫琳凯价值观在中国的落地。

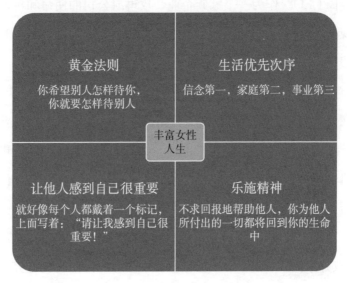

图 6.1 玫琳凯公司的企业使命:丰富女性人生

把美丽带到中国

1995 年 9 月，玫琳凯公司扩张的脚步来到中国，由蔡庆国（K. K. Chua）先生担任玫琳凯中国区的总裁。后来，蔡庆国升任玫琳凯公司亚太地区总裁，当时负责工厂的麦予甫（Paul Mak）便接任中国区总裁。由于中国的直销模式正处于从传销向直销转型的时期，麦予甫在上任的第二个月便遇到了关乎企业存亡的重大危机。

在 20 世纪 80 年代末中国还处于传销时代。传销模式承载了无数草根阶层"渴望成功"的创业梦。但在 1998 年 4 月 21 日，国务院颁布了《关于禁止传销经营活动的通知》，决定全面禁止一切形式的传销经营活动，这道禁令成为前传销时代和后直销时代的分水岭。在传直销转型阶段，一切形式的传销经营活动被全面禁止。在要求所有企业停止传销的情况下，很多有传销活动的企业为了节约成本，便选择停止营业；有的企业为了生存，选择转型做零售业务。

行业的动乱对一贯坚守直销模式的玫琳凯中国带来了冲击，但考虑到对员工的承诺，玫琳凯中国决定继续营业。玫琳凯中国并没有转型做零售，"因为我们承诺过我们的美容顾问，我们永远不会跳过美容顾问去自己上柜，自己直接去接触消费者"。麦予甫认为："这是玫琳凯文化决定的，因为玫琳凯的使命不是自己要成功，而是要帮助别人成功。"

坚持以直销模式为美容顾问、员工和消费者创造价值的玫琳凯中国在随后的发展中表现出巨大的潜力。这背后是玫琳凯文化的支持，麦予甫坦言："其实我们当时做了一个决定，如果中国政府真的要我们转为零售的话，我们会离开的。"

在经历了传销到直销的模式转变后，玫琳凯中国进行了一系列的调整，即简单化、中心化、专业化。这三个方面的调整对企业的整个组织架构产生了很大的影响，同时也改变了员工的工作方式。比如，在 2001 年之前，所有订单、付款、发货都是在美容中心，但到 2003 年，从订单到付款的一切流程都要在网上进行，通过第三方在全国建立不同的提货点。这种调整虽然有效地降低了企业的运营成本，提升了运营效率，但同时也对员工产生了较大的影响，公司不得不采取裁员措施。麦予甫回忆道："起码有 9 个月到 1 年的时间，我们都在跟员工沟通，讲我们公司为什么一定要这样做。为了生存，我们一定要这样做。"为了使全体员工能够顺利度过这个调整期，在与员工积极沟通的同时，玫琳凯中国还为员工提供英文、专业及技术培训，推荐有意愿的员工到第三方公司面试。

基于玫琳凯中国的文化，公司顺利度过了调整期，"简单化、中心化和专业化"的玫琳凯中国得到了员工的认可，并且取得了良好的业绩。在玫琳凯公司成立50周年之际，玫琳凯中国创立仅18年便首次超越美国市场，成为玫琳凯公司全球最大的市场。同时，玫琳凯中国在中国本土市场的业绩也持续上升，多年来一直位居行业前茅。

玫琳凯中国的 P&L 理念

我曾参加过玫琳凯的几次全国研讨会，看到上万名中国女性在台上接受嘉奖和认可，当时，玫琳凯中国区总裁麦予甫先生用满脸笑容迎接和感谢她们。我几次和麦予甫聊过，能感受到他的笑容是真心的。他深信玫琳凯走过的每一步都是为了给女性提供事业机会，以帮助她们实现梦想，这是创始人玫琳凯女士创业的初心。可以说，玫琳凯是一家由女性为女性打造的公司，其核心价值观在玫琳凯全球劳动力性别多元化数据中得到了充分体现（截至2022年8月）：在玫琳凯全球员工队伍中，有62％

是女性；高管团队中，54％是女性，其中，38％为BIPOC①（黑人、原住民、有色人种）；53％的副总裁及以上职位由女性担任；57％的总监及以上职位由女性担任；59％的经理及以上职位由女性担任；70％的市场领导者是女性；在玫琳凯全球前十大市场中，60％的领导职位由女性担任。

然而，在麦予甫看来，这些业绩远远不如帮助人们获得改变来得兴奋。他说："在玫琳凯，'P'和'L'不仅仅代表'利润（profit）'和'亏损（loss）'，更代表'人（people）'和'爱（love）'。"作为玫琳凯公司的全资子公司，玫琳凯中国一直坚持着"丰富女性的人生"这个全球使命。它的企业文化得到了员工、美容顾问和其他利益相关者的广泛认可。玫琳凯中国曾多次获得"卓越雇主——中国最适宜工作的公司""中国人力资源典范企业"及"最具吸引力雇主 Top100"等奖项。

麦予甫深信，玫琳凯中国所秉承的企业文化是其生存和发展的基石，而玫琳凯文化在中国的落地和沉淀离不开人与人之间的信任。随着企业规模不断扩大，新员工是否能够很快融入企业文化？人际网络是否有足够强的黏性，

---

① "BIPOC"代表黑人、原住民和有色人种。这是一个美国特有的术语，旨在关注黑人和原住民群体的经历，并展示有色人种社区之间的团结。

能够应对互联网带来的冲击？这是麦予甫对企业未来发展最大的担心。

"信念第一，家庭第二，事业第三"的生活优先次序

与许多企业强调将事业放在第一位的做法不同，玫琳凯中国却积极倡导"信念第一，家庭第二，事业第三"的生活优先次序。亚太区总裁蔡庆国曾解释："我们的出发点是爱，当家庭支持你的事业，你获得了足够的安全感，事业自然会成功。"玫琳凯中国坚信，这样的生活优先次序能够激励员工全心全意地在团队中工作和奉献，自发地将个人的成功与公司的发展紧密结合在一起。一位在玫琳凯中国工作了 18 年的销售行政与活动总监张旭先生感慨道："我当时被猎头公司挖到玫琳凯来，说良心话，猎头没有跟我谈工资，他只谈了一件事情就打动了我，他说'信念第一，家庭第二，事业第三'。我原来在一家广告公司做得昏天黑地。18 年来，我觉得我个人在能力各方面当然有提升，但是收获最大的是在自己的家庭方面，我觉得真的是非常棒的一个状态。"

玫琳凯中国的人力资源副总裁袁纯女士表示，玫琳凯

中国力求让美容顾问和员工都认为自己很重要。她说："玫琳凯实行弹性工作制，但每个员工都十分清楚自己的职责所在，全身心地投入工作；公司还会开展各类丰富的员工活动，让每一位员工实现工作与生活平衡的理想状态。玫琳凯员工的工作效率一直保持高水平与高效率，我想这就是企业文化的力量。"

在玫琳凯中国工作 4 年的高级品牌开发经理陈骅女士分享了自己入职当天的感受："那天当我走出电梯时，HR的主管拿着一束鲜花面带微笑地迎接我，这让我感觉自己进入了一个大家庭。他向我一条条详细地解释了相关文件，然后把我带到部门主管那里。主管又带我参观了整个企业并向我解释了公司的文化。这跟我在其他公司入职是完全不同的感受。"

认可和赞美

为了激励员工发现自己的价值，玫琳凯中国将赞美视为最重要的手段，且公司的整个运营管理机制都以此为基础。在各种场合，玫琳凯中国总是毫不吝啬地表达赞美和鼓励，无论是从物质层面还是精神层面。人力资源部培训与发展副总监安从真先生说："文化一直是我们的主线，我们在员工的激励方面都会把文化认可作为评选标准之一，比如说我们的感恩奖、黄金法则服务奖和领导力之星奖，就是这些认可的项目会诠释我们的文化，有榜样，有模范。"为了在扩张过程中避免经销商之间的恶性竞争，玫琳凯中国鼓励美容顾问和经销商充分发挥"不求回报地帮助他人"的乐施精神，帮助培养优秀的美容顾问和经销商，并在每年年会评出"乐施小姐"这个奖项。

人才激励方式

玫琳凯公司总是设法激励员工去发现自己的价值，其中，赞美是最重要的激励手段，公司的整个营销计划都以此为基础。在各种场合，公司总是毫不吝惜地给予赞美——包括物质、精神两方面，且这两方面的赞美体现了玫琳凯的价值观。

物质赞美

粉红色轿车的赞美：这是对美容顾问的最高奖励，公司会给业绩优秀的美容顾问粉红色轿车补贴奖励，根据美容顾问的不同业绩，目前在中国已经有超过4 000辆不同型号的粉红轿车。2016年起，将使用奔驰A180作为中国区粉红轿车的代表。这种"飞驰的奖牌"，不仅让优秀的美容顾问自豪不已，而且成为玫琳凯公关宣传的流动载体。

豪华游的赞美：业绩一流的美容顾问，每年可以携带家眷进行"海外豪华游"；年度竞赛的优胜者，会被盛情邀请参加"达拉斯之旅"，到玫琳凯总部去"朝圣"；在20周年之际，为了促进家庭和谐，公司邀请数百对夫妇，为他们重新举行了海上婚礼。

精神赞美

例会上的赞美：玫琳凯中国每年会举办4～5场研讨会，会请在玫琳凯中国工作过5年以上的员工上台走秀，每年会发放很多奖项。各地区经销商每周的例会上，都会有这周销售最佳人员成功经验的叙述和分享，这是一种别样的赞美。主持人在介绍最佳销售员时，每一个美容顾问都会毫不吝啬自己的掌声。

别针的赞美：玫琳凯最经典的奖品，用以奖励在销售产品时有优异销售业绩的美容顾问。在每一个不同的阶段，当你有了一些进步和改善的时候，玫琳凯都会奖给你各种不同意义的别针，玫琳凯公司每一位美容顾问都会以佩戴各种各样形式各异的别针为荣。

舞台的赞美：对于销售业绩超群的美容顾问，在发放奖品和奖金的同时，会给他们一个大大的舞台，让他们像明星一样得到认可。

《喝彩》杂志的赞美：作为公司的内部发行刊物，其发行量和许多全国性的杂志不相上下。这本杂志的最主要目的就是给予赞美，它刊登了每月各地最优秀的美容顾问名录、各种竞赛活动及其获奖情况，详细介绍了一流美容顾问的推销业绩和推销技巧，还刊登了这些优秀女性的成功经验及成长体会。这个杂志每月一期，使玫琳凯美容顾问在公开赞美中分享经验。

资料来源：玫琳凯公司。

"在平均离职率为 18％ 的这样一个行业，玫琳凯中国的离职率从未超过 9％，这归功于我们坚持的价值观和企业文化。"人力资源副总裁袁纯女士这样介绍公司的人员流动情况。在这些离职的员工当中，有的是为了追求个人更全面的成长，有的是为了换一个新的环境，有的是被其他公司挖去的，也有的是并不太适应玫琳凯的女性文化。但是，大多数离职员工依然认可玫琳凯的文化和价值观，并持续关注玫琳凯中国的发展。一位为了追求更广阔发展平台的采购人员在离职一年半之后，因不满当时的工作而寻找新的事业机会，其在玫琳凯中国的同事邀请他回来。他感慨道："我之前在玫琳凯中国工作的五年是人生最重要的五年，在收获事业的同时，我买了房，结了婚，还读了研究生。我对玫琳凯是有着特殊感情的，所以我就毫不犹豫地回来了。"

玫琳凯中国的新发展

深耕三四线城市

在整个行业快速发展的背景下，玫琳凯也抓住了发展机遇。在中国社会结构快速调整的 2008 年、2009 年，国家在基础设施方面（如铁路、公路交通方面等）加大了投资以期带动市场经济恢复。在这样的形势下，玫琳凯中国看到三四线城市的市场需求并没有受到重视，于是决定加快发展三四线城市及偏远地区的市场。在这一发展背景下，玫琳凯及时抓住渗透三四线城市的好机会，通过对公司品牌直销的准确定位，市场获得快速拓展。这一策略调整对玫琳凯中国影响深远，目前玫琳凯中国有接近 70％的业务量分布在三至六线城市，对公司过去几年的发展形成了强效的推力。

对玫琳凯中国来说，2014 年是里程碑式的一年，整个中国区域的业绩已经超越美国，成为玫琳凯全球最大的市场。2013 年，时值玫琳凯成立 50 周年，为了向中国女性提供特有的"美丽到家"服务，玫琳凯中国将粉红巴士巡游设计成了 50 华诞的特别活动，从全国 14 省的 167 个三四线城市中挑选了 50 个业务挑战的优胜城市，作为粉红巴士巡游地，为当地女性朋友带来面对面的美丽服务。

比互联网还要强大的人际网络

2015 年，玫琳凯中国有 150 多万名美容顾问及爱用者，40 多万名活跃直销员。此外，全国还产生了近百名首席经销商。对于玫琳凯中国来说，20 年来建立的人与人之间的这种联结，是一个充满信任的人际网络，它比互联网还要强大。"这个网是富有感情的，是最不容易破的。"麦予甫说道。

互联网平台被玫琳凯中国视为一个工具，公司可以利用这样一个工具来建立更为有效的联结，拉近人与人之间的距离；可以更多地接触到客户，并带给她更大的影响。在麦予甫看来，互联网一定要基于人的关系而建立，否则这个网是很松散的。而基于人的网络是玫琳凯中国的优势所在，面对互联网平台，利用人际网络的优势可以让玫琳凯中国的理念与服务不断地延伸下去。这个延伸也是有一定黏性的，要让通过互联网平台加入的人，还能够留下来，这个就是玫琳凯未来发展的重中之重。

美容顾问所提供的服务是独特的，基于人与人之间的紧密联结，她们可以针对每位顾客的特点提供充分的售前体验和售后服务，甚至产生延伸销售。玫琳凯基于感情维系的行销策略能够极大地留住消费者。这在松散的互联网买卖关系中，无疑可以带来极为稳定和忠实的顾客源。而玫琳凯中国则通过企业黄金法则等文化的黏性，用基本的理念先把企业内部的人聚在一起，不断建立自己强大的人际网络，去影响更多的人。此外，玫琳凯中国有 3 300 家奖励工作室，以确保销售队伍在面对顾客时，能提供高品质的服务，增强与人的联结。2015 年，玫琳凯中国更加强化了创新以及部门间的无缝合作。

自 1995 年开业以来，玫琳凯中国通过将玫琳凯文化在中国落地，建立强大的具有黏性的人际网络，并积极开拓三四线城市，显示出了巨大的发展潜力。但快速的发展，也给文化的传承带来了很大的挑战，人力资源部培训与发展副总监安从真已在玫琳凯中国工作了 15 年，他认为直属领导需要承上启下：

"老员工是可以沉淀的，公司以前可以给我们 1～3 年的时间去熟悉这套文化，去真正地认同。然而，公司发展的速度越来越快，有大量的新员工进入公司，他们可能很快要做主管，带团队。而任何一个员工对这个公司的了解，不是去听麦予甫讲，也不是看墙上写的东西，而是看他的直属领导。直属领导表现出来的东西，会让他认为是公司文化的一个体现，这是最直接的。但如果直属领导也是个新人，就会出现挑战，这个时候我们不能让我们的文化出现断层。"

拥抱互联网

近年来，互联网对于传统直销模式的冲击也日益加剧。直销模式正在和互联网发生融合，这种融合可以更加快速地接触到消费者。其中，微商层层分销的 B2C2C 模式，与直销模式有一定的相通性，甚至被认为是"微信版无牌照直销"模式。相对于传统直销模式，微商建立起了生产者和消费者之间直接的环节，使渠道结构更加立体化：厂商、批发商、零售商、代理商、消费者将有机结合，构成一个网络系统。同时，利用社交平台以及互联网平台，可以进行快速传播和组织管理，提高推广的效率[24]。这已让玫琳凯中国的高层开始正视这一新的市场渠道：如果通过互联网渠道销售公司产品，玫琳凯中国的销售额可能会更加可观。

然而，与互联网的融合在一定程度上将降低用户体验。对于玫琳凯中国，一些美容顾问利用互联网平台打折销售玫琳凯的产品进而产生了大量订单，这极大地违背了玫琳凯企业文化的初衷。经过内部讨论后，玫琳凯中国的高层很快达成共识，那就是依旧要保持企业创立的初衷，当初"绝不跳过美容顾问销售产品"的承诺不能被打破，为美容顾问以及终端客户提供服务始终应该是玫琳凯的第一宗旨。但是对于线上的销售行为，玫琳凯也开始着手调整。比如，玫琳凯中国已在筹划提供相应的技术支持帮助美容顾问搭建微店平台。

因此，在玫琳凯中国看来，公司未来发展最大的挑战并不是离互联网不够近，而是已有的人际网络不够强；公司追求的并不是依靠互联网来加快企业的发展以获得更多利润，而是如何强化人与人之间的信任，增进人与人之间的感情。麦予甫说：

> "对于我们来说，如果员工、顾问之间缺乏信任，将会对企业产生很大的影响；同样，如果企业只是追求利润最大化，而远离企业的文化，那样就和其他公司没什么不同了，后果将非常严重。我相信，我们今天做对的事情是因为过去和大家建立的感情是蛮深厚的，如果文化没有得到加强，就是走错路了，任何其他策略都是不能弥补的。"

2016年，玫琳凯在上海静安CBD建成中国区全新行政管理中心；2021年3月，玫琳凯积极拥抱线上业态，打造全新线上店态——幸福小店，帮助女性打造自己的线上店铺，通过提供技术、培训、供应链等系统性支持，简化店铺开设和运营的复杂流程，并提供灵活自主的工作方式，为更多女性打破创业壁垒、实现梦想开辟了新的空间。

"幸福小店"模式依托玫琳凯中国多年来赋能女性创业的经验，结合互联网电商平台运营理念，由公司承担大部分店铺的日常运营工作，如形象设计、宣传策划、发货、物流、客服等，同时，运用高科技服务和大数据工具作为支撑，减轻了玫琳凯独立美容顾问作为店主的运营压力。在该模式下，即使是没有相关经验或资源的平凡女性也能够轻松、快速地开启事业，大大降低了女性创业的门槛。

"幸福小店"模式为独立美容顾问提供了通过互联网实时、远程为顾客提供服务的平台，让她们得以随时随地根据自己的节奏经营事业。同时，基于女性碎片化的学习需求，玫琳凯开发并不断优化共享课堂、云课等线上学习平台，将包括创业指导、商业技能、专业护肤知识在内的全套培训资源上传至云端，助力独立美容顾问以更为自主自由的方式学习事业发展所需的知识与技能。

美丽不止一面

早在 2008 年的时候，玫琳凯中国便打出"美丽不止一面"的广告语，以传达化妆品不是玫琳凯唯一的核心利器，其品牌内涵其实是围绕于女性的自信和女性的美。"化妆品只是让我们接触到女性和美的一个桥梁。我们建立了这样一个人的网络，只要与女性美丽有关的东西都有可能。"

多元化道路是曲折的。2008 年，玫琳凯中国就开始和一家美国研发机构合作开发保健品，并且已经做出了通过了各种测试的样品。美国总部也认同中国市场可以作为测试，如果产品开发出来的话，可以试水这个市场。但后来，美国总部担心保健品对于玫琳凯来说是个全新业务，对于如何管理好保健品这个业务有了不同意见。所以，经过多轮的讨论和比较权衡后，当时的项目还是被取消了。

2015 年，玫琳凯中国已与美国总部达成共识，已研发出调养品，准备进军食品和保健品市场。此外，它还建造了亚太生产中心二期、生产分销中心、彩妆工厂和研发大楼等，以期持续扩大其在华业务[25]。2018 年，玫琳凯在上海张江综合性国家科学中心之内的玫琳凯科技中心投入了约 5 000 万美元[26]。这个工厂设有 5 个实验室，分别为分析和植物化学实验室、生物活性实验室、分析精密仪器室、实验室配方实验室和消费品实验室。这个工厂重点开发全球营养和保健产品，玫琳凯中国认为这一领域在中国市场的发展潜力巨大。从 2016 年开始，玫琳凯中国开始在中国市场推出营养产品，顺势将业务扩展到核心产品类别之外的领域。

玫琳凯中国一直坚守自己的价值观和直销模式，建立了良好的声誉，还为数千位女性提供了就业机会。为了满足不断变化的客户需求，并应对化妆品市场日益激烈的竞争，玫琳凯中国在努力尝试加固自己的企业理念并保持灵活的直销结构。然而，作为一个致力于"丰富女性的人生"的公司，玫琳凯中国在深入本土化的过程中仍然面临着重重挑战。

随着中国美容消费者年龄呈现年轻化趋势，对美容的认知也变得更加深刻。为了满足这一群体的需求，玫琳凯中国不仅走高科技发展之路，还要着重开发有趣且有效的产品，以吸引年轻消费者的关注。从 2019 年开始，玫琳凯将专注于打造"Pink Young"系列，未来 5 年内计划推出更多"大胆而有趣"的产品。

美丽事业与社会责任

2019 年，由于"权健事件"① 的爆发，叠加随后开始

---

①　"权健事件"（又称权健传销门，权健案），是指权健自然医学集团有限公司被曝光涉嫌夸大宣传、非法传销、医疗资质问题、保健食品安全问题等一系列违法行为。直销模式自此衰退。

的全球疫情，中国直销模式的黄金发展期结束。在行业整顿和疫情冲击下，玫琳凯中国积极发起自救，进行了大幅度的市场战略调整。2022年，玫琳凯提出"以一家全球性企业进行对标，让全球的玫琳凯服务商有着同样的接触方式，感受同一个玫琳凯"的发展目标，同时以"木兰计划"命名玫琳凯未来五年发展战略，不仅再一次凸显女性文化，也将更多维的女性精神融入企业脉搏。2022年以来，玫琳凯更加注重员工的幸福度，多重举措提升职场灵活度。在可持续发展方面，玫琳凯提出"美力永续"发展战略，以期为中国的经济、社会、环境等各领域创造价值。

美丽事业与社会责任并行，或许是玫琳凯给出的答案之一。玫琳凯一直秉承着"丰富女性的人生"这一使命，通过玫琳凯的事业机会，助力女性实现自己的独特梦想。秉持着这一目标，玫琳凯在新任亚太区总裁兼中国总经理王维芸的领导下，于2020年底启动了名为"木兰计划"的五年战略。

"木兰计划"[27]通过聚焦品牌旗下美容顾问群体的价值，进而赋能女性实现创业梦想，并同时提升了玫琳凯在中国市场的话语权和整体竞争力。这个计划的终极目标正是坚守品牌创立的初心，摒弃商业大环境中短期逐利的浮躁心态，持续以玫琳凯独有的富有温度和情怀的方式来经营化妆品业务。木兰计划的核心方针在于整合公司的一切资源，专注于赋能"她"的价值。

玫琳凯亚太区总裁兼中国总经理王维芸表示："慈善和志愿者活动是玫琳凯公司回馈社会的重要表现。中国已成为玫琳凯最大的国际市场之一，涵盖了产品研发、营销、运营和分销等各个领域，已经深深融入了中国的大循环。"

2021年6月，玫琳凯中国发起"微笑1000"行动，计划累计帮助1000名中国唇腭裂女童完成修复手术。除了"微笑1000"等针对特殊群体的关爱项目外，还有535名玫琳凯美容顾问志愿者走进社区、医院、学校、基层单位，用专业的护肤美妆技巧和服务，为医护人员、环卫工人、抗疫志愿者等全国超过3500位女性奉献了100堂爱心美容课。截至2021年9月，玫琳凯中国贡献的志愿者服务时间已超过46万小时。王维芸说："玫琳凯新的全球可持续发展战略代表了我们对世界的承诺，我们将持续努力，致力于在中国创造积极的影响，为所有人建立一个美力永续的未来。"

赋能女性的力量

作为玫琳凯中国总部001号员工，翁文芝女士2019年成为玫琳凯中国区总裁。在她看来，玫琳凯进入中国以来，一直处于一个盈利、投资、发展、再投资、再发展的正向循环中。上任后，她提出玫琳凯中国 2025 年的愿景：做一家真正赋能并成就女性未来的公司。"赋能"这一概念意味着将女性的力量放大，使她们能够创造精神财富和物质财富，并用这些财富回馈、造福家庭，甚至对社区和国家做出贡献。

"专注女性事业发展是玫琳凯的独有优势，我希望能用它让每一位来到玫琳凯的女性的期望都能被实现，让这份事业带来的收获是全方位的。"[28] 这是玫琳凯公司曾赋予她的力量，她希望能传递给更多女性。

玫琳凯中国将持续在华投入和运作，既是开拓，也是创新，对集团全球业务起到积极作用。在当今电子商务崛起蓬勃的时代，翁文芝对玫琳凯的未来充满了信心。她深信在未来，女性对社会和经济发展的助推力会越来越大，而玫琳凯作为一家坚持"赋能女性"这一精神基石 56 年的企业，与时代趋势完美契合。展望未来，玫琳凯将持续秉承着为女性提供事业机会的信念，降低女性创业门槛，为她们赋能，唤醒她们的自我意识，让女性拥有创造财富的能力，并用这种能力为家庭和社会带来福祉。

下篇

该做什么？
——企业文化的
卓越元素

　　在上一篇，我们用企业家精神的黄金圈法则，展现组织创始人的个人信念、价值观、行为准则和经历会对企业愿景和使命的塑造产生深远影响，进而在整个组织中体现出来。这些初始的价值观念为企业文化提供了明确的方向和持续的动力。在中篇，我们用企业文化发展过程模型，展示从企业创始人的信念和价值观，发展成为组织文化的企业文化动态形成过程。在这个过程中，创始人如何将个人价值观灌输到组织价值观中，员工在这个过程中如何参与文化塑造，同时，企业制度要素如何作用，完整地解释组织文化的形成、塑造、传播和变革的过程。企业还需要运用多种机制，包括内部沟通、奖励和认可、培训和发展、招聘和选拔、组织结构和制度、社交活动和团队建设等，以不同的方式影响和塑造企业文化的各个要素，从而实现文化的形成、传播和变革。在这个过程中，领导示范起到了关键的作用，创始人和高层管理人员通过言传身教，以身作则，树立起组织中的文化榜样。在下篇，我们会进一步探讨什么是卓越企业文化所需要包含的要素。

企业文化的卓越元素——内在表现

　　当企业文化经过时间积累沉淀逐步成形，企业的文化元素会通过多种形式在组织内外显现出来，其中包括物质文化、制度文化、行为文化和精神文化等重要形式。

物质文化通常会涉及企业内部的物理环节和资源，包括办公场所、设备等可视的物质产品。物质文化通过组织的办公环境、装饰和符号等方式传递和展示组织的核心价值观和身份认同。卓越的物质文化能够提供良好的工作条件，吸引并留住优秀的员工。舒适的办公环境、先进的工作设备、合理的薪酬福利等都是物质文化的表现，有助于建立积极向上的工作氛围。

制度文化体现了组织价值观的具体实施和约束，包括组织的规章制度、组织结构、奖惩制度等，旨在引导员工的行为和确保组织运作的有序性，为员工提供了明确的指导方针和行为准则。卓越的制度文化通常包括健全的人力资源管理制度、激励机制、培训体系、绩效评估等。企业内部的管理机制起到了关键作用。比如，内部沟通和参与机制能促进员工的理解和认同，加强组织内部的文化共识；奖励和认可机制能够激励员工对组织文化的积极参与和贡献；培训和发展机制能帮助员工掌握和践行组织的价值观和行为准则；招聘和选拔机制则确保新员工与组织文化相匹配；组织结构和制度可以通过设计和调整，支持和强化组织文化的发展；社交活动和团队建设则增

强了员工之间的凝聚力和合作精神，有助于文化的共同
体验和建立。

行为文化则是员工日常行为和互动方式的反映，它具
体展现了组织价值观。行为文化强调组织成员的行为规范
和价值观，通常体现在员工态度、互动方式、决策方式等
方面。卓越的行为文化通常倡导积极的工作态度、团队协
作、创新精神、诚信、责任心等价值观，并通过实际行动
来体现这些价值观。鼓励员工分享信息、互相支持、积极
参与决策等都是行为文化的体现。通过领导者的示范和组
织内部的激励机制等，可以塑造积极向上的行为文化，促
使员工更好地共同努力，达成组织目标。

精神文化是组织成员共享的信念、情感和价值观等，
构成了组织成员的一种精气神。它能够激发员工的归属感
和认同感，使他们在工作中更加投入。具体来说，精神文
化可以通过领导者的言行举止、企业的社会责任活动等方
面来体现，塑造企业的品牌形象和社会认同，通过市场效
应，有效且及时地向外界传递企业的发展信息，有效整合
企业内外部的资源，促进企业愿景与战略目标的实现。企
业精神文化通常表现为给社会创造某种价值，如可持续发
展、社会责任、与外部的发展合作等。

企业文化的卓越元素——外在表现

如果从利益相关者角度来看，这些显性的文化理念会落实在企业的内部和外部群体，包括了客户、员工、社会以及其他利益相关者四个方面。

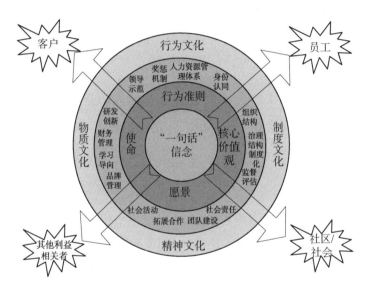

企业文化的卓越元素

企业文化对外的表现形式是外界能直观地看到一家企业文化的具体表现。这些表现形式通常体现在客户、员工、社会以及其他利益相关者四个方面。

客户。企业致力于实现成功和可持续发展，始终以客户为中心。企业文化会在产品和服务的质量、特点和定位上体现出来，尤其是当企业强调客户满意度和高品质标准时，客户通常能通过产品感受到企业文化。在客户关系管理上，企业文化对待客户的方式和态度包括沟通、支持和解决问题的方式，都会对客户产生影响。此外，企业文化也体现在企业品牌的价值观和承诺上，例如，企业的品牌标识、广告、口号和宣传材料等，这些都会影响客户的忠诚度和信任度。

员工。员工致力于促进自身及他人的身心健康与成长。企业文化会在工作环境、公司价值观、团队合作和员工福利等方面体现出来，这会影响员工的满意度和忠诚度。企业文化对员工培训和发展的重视程度也是一种表现形式，它可以体现出公司是否关心员工的个人和职业成长。企业举办的活动、庆典、研讨会等也能反映其文化，这些活动可能强调团队合作、创新、员工认同等方面的价值观。

社会。企业致力于为社会和环境做出贡献。企业文化是否强调社会责任、可持续经营和环保等方面的价值观，会对社会和环境产生积极影响。公司是否积极参与慈善活动和社区项目，也是企业文化的一种表现形式。

其他利益相关者。企业与利益相关者共享愿景和资源，激发新的合作机会。企业文化会影响与合作伙伴和供应商的关系，包括合作伙伴选择、交往方式和合同条款等。企业文化对待投资者和股东的透明度、诚信和股东权益保护也是一种表现形式。

这些表现形式可以让外部观察者更好地理解和认识一家企业的文化。企业通常会精心塑造这些方面，以确保它们与企业的核心价值观和愿景保持一致，并传达出积极的形象，吸引客户、员工、社会和其他利益相关者的注意，对企业的整体成功和可持续发展产生重要影响。企业文化卓越元素的内在和外在表现，形成了企业内外部的独特形象，对组织的成功、员工的忠诚度以及与外部利益相关者的关系产生了深远影响。企业文化的卓越元素在内外部的平衡互动中，推动企业朝着可持续发展的目标前进。

接下来，我们将通过三个企业案例来展示企业文化卓越元素在企业发展中的具体表现。这些案例将探讨企业创始人如何在不同行业和市场环境中传递其核心价值观并形成独特的企业文化。我们将深入分析他们在这一过程中所面临的挑战和困境，以及他们如何应对变化和逆境，不断调整和强化企业文化以适应新的市场需求和发展趋势，进而实现组织的长期成功和可持续发展。

方太是一家以打造中国高端厨电品牌为初心的企业，

　　其企业文化以中华优秀传统文化为基础，弘扬仁爱价值观，以追求员工成长和亿万家庭幸福为使命，致力于成为一家伟大的企业。在创立初期，他们希望通过方太实现"打造中国人自己的高端厨电品牌"的愿景。随着企业的发展，茅忠群逐渐体悟到企业的真正愿景是为了亿万家庭的幸福，并将这一理念融入企业使命中。最终，方太确立了"成为一家伟大的企业"的愿景，并以"人品、企品、产品，三品合一"的核心价值观为基础，共同形成了方太的文化管理体系核心理念。为帮助员工融入企业文化，方太设立"孔子堂"教室传授儒家文化，还提出了心性修炼法则"五个一"作为员工成长的行为指南，帮助员工理解和实践企业文化。此外，方太还以"仁爱之心"促进产品创新，鼓励员工向善并以健康为使命进行设计和创新。为了建立文化的践行体系，方太还通过关爱感化、教育熏化、制度固化和才能强化等方面来帮助员工成长，并将方太文化应用于员工的聘用和晋升中。在企业外部，方太也积极宣传和分享自己的企业文化，通过设立企业文化研究院来帮助更多的企业家迈向成为伟大企业的目标。

　　李锦记是一家历史悠久的品牌，以其传统的烹饪调味品和酱料而享有盛誉。品牌的成功得益于李锦记家族的创立和领导，他们坚持"思利及人"的价值观，将其融入企

业文化中并取得了持续的成功。李锦记企业文化的形成是
一个渐进的过程，创始人和历代领导者的价值观和信念为
企业文化的塑造提供了坚实的基础。在此过程中，家族主
要领导的示范起到了关键作用，他们为家族和企业树立了
文化榜样。而内部沟通和参与机制强化了家族的身份感，
优化了决策机制，并加强了员工对企业文化的理解和认
同。对家族成员和企业员工实施的奖励和认可机制又进一
步激励他们积极参与和贡献。培训和发展机制帮助他们践
行组织的价值观和行为准则，进一步提高与家族文化的匹
配度。李锦记形成了以"思利及人"为核心的家族精神，
通过家训和家族"宪法"加强了家族价值观的具体实施，
使其成为家族和组织成员共享的信念以及企业文化的核
心。在这种价值观的指引下，李锦记家族能够更好地处理
与社会、员工、雇主、朋友、客户和家人之间的关系，使
李锦记处于良好的外部环境与和谐的内部环境中，同时，
充分发挥出每个人的潜能。

维氏瑞士军刀是一家历史悠久、全球闻名的家族企
业，由维氏家族创立并传承，至今已有 135 年。在这 100
多年的发展变迁中，维氏瑞士军刀始终以维氏家族的愿景
和家族价值观为核心，明确企业的目标和使命，始终注重
从产品、客户、品牌和员工四个角度实现和发展瑞士军刀

的价值。在发展过程中，维氏瑞士军刀通过不断改进和创新的方式，实现了生产过程的优化和效率提升。在确保产品质量和精准性的前提下，维氏瑞士军刀满足客户对多元需求的要求，从单纯的刀具制造商转型为多元化产品体系，进入国际化和多元化发展，不断努力向客户提供更优质的产品。在以客户满意度为导向的指引下，维氏瑞士军刀也不断投资于品牌可见度和形象度，通过坚持创新、可靠性和经典设计，努力让客户感到满意，对品牌愈加信赖。此外，维氏家族视员工为家族的一员，并倡导勇气、责任和谦卑的企业文化，注重对员工的投入，帮助员工和公司一起成长，并且做好准备，应对全球化以及其他各方面所带来的挑战。维氏家族以其远见和家族价值观，为企业注入了持续创新和坚定发展的动力，展现了企业家精神的重要性，而维氏瑞士军刀在全球范围内取得了成功，并成为行业的领导者。

通过方太、李锦记和维氏瑞士军刀的案例，我们可以看到企业文化的卓越元素图在揭示企业文化的核心要素和发展路径方面的价值。方太以中华传统文化为基础，追求员工成长和家庭幸福。李锦记通过家族价值观和内部沟通机制形成了家族精神和文化体系，从家文化到企业文化，践行"思利及人"的文化体系，体现在关心客户、商业伙伴即是家人、厚待员工、回馈社会等方面。维氏瑞士军刀以维氏家族的愿景和价值观为核心，注重产品、客户、品牌和员工的发展。企业文化的卓越元素图为我们深入理解和引导企业文化的形成和发展、推动企业的可持续成功提供了新的思路。

第 7 章　方太集团：为了亿万家庭的幸福

2019 年 11 月，我带着一群 MBA 和 EMBA 企业家学生到方太集团上课参访。我们参观了充满现代科技和时尚感的产品展厅，看到了琳琅满目的专利技术产品，走过长长的企业文化展示墙。从乘坐电梯，到员工餐厅就餐，再到走廊墙上挂满了中高管团队承诺的"五个一"目标（立一个志，读一本经，改一个过，行一次孝，日行一善），等等，处处展现着方太不一样的中国企业文化。方太企业内设有一个孔子堂，这是一个隐藏在现代化办公区域中的书香之地，在学堂正前方的角落，摆着一座孔子像。当我们看到孔子雕像时，不禁从内心深处产生一份尊重。在这间 200 多平方米古色古香的孔子堂中，方太集团创始人茅理翔先生给我们讲述了他的三次创业故事和方太集团的文化精神。

这位耄耋老者，曾被称为全球第一的"点火枪大王"，在民营企业里摸爬滚打了多年。虽然眼睛不太好，但是老者依旧很精神，每天都要听新闻，听书，还要站桩半小时。他有一个儿子和一个女儿，皆是当地知名的企业家。1985 年，茅理翔开始了人生的第一次创业。1992 年，他的女儿茅雪飞也开始创业，为其更名为飞翔集团的企业提供配套服务。1996 年，他和 27 岁的儿子茅忠群创立了宁波方太厨具有限公司，以生产抽油烟机等厨房产品为主，这是他人生中的第二次创业。经过 6 年对儿子的培养，茅理翔开始让茅忠群全面接班，茅忠群继续将方太打造成中国高端厨电领导品牌，并且在方太建立了独特的儒道管理哲学和企业文化。2006 年，茅理翔开始了他的第三次创业，创立了家业长青接班人学院，向更多的中国家族企业分享家族企业接班的成功经验和传承主张。2010 年，他将所持有的方太的 35％股份转给茅忠群，使其成为方太的主要持股人，彻底完成交班过程。

　　"打造中国人自己的高端厨电品牌"是茅理翔和儿子茅忠群一起创建发展方太的初心。坚守着这份初心，方太见证了企业销售业绩的不断攀升——2007 年销售额突破10 亿元，2017 年销售额跨越至百亿元级。基于对中华优秀文化的体悟，方太在 2015 年把愿景升级为"成为一家伟大的企业"；2018 年，茅忠群体悟到做企业的真正目的是"为了亿万家庭的幸福"，再加上"人品、企品、产品，三品合一"的核心价值观，共同形成了方太的文化管理体系核心理念。

从 2019 年至 2021 年，尽管全球经济都饱受了新冠疫情的冲击，但方太集团的业绩却连续 3 年逆势上扬，实现了高出行业多倍增速的持续增长：2021 年，方太集团营收 155 亿元人民币，比 2020 年的 120 亿元营收增长了 29%，比 2019 年疫情发生前的 110 亿元增长了 41%。相比之下，2021 年中国厨卫市场零售额比 2020 年增长了 7%，比 2019 年增长了 1%。

在此基础上，方太提出了更宏大的目标——到 2035 年前后，成为一家千亿元级的伟大企业。茅忠群强调："方太想要成为一家千亿元级的伟大企业。"在他看来，这一伟大使命很大程度上将通过弘扬方太文化来实现。他始终相信，方太的企业文化是方太创新、方太业绩的源泉和强大的内驱力。方太从"三观"（使命、愿景、价值观）的建立，到"中学明道、西学优术、中西合璧、以道御术"的文化管理体系，到具体的实践方法，为的正是"亿万家庭的幸福"。

父子创业式接班

1985 年的浙江宁波，茅理翔以 6 台旧冲床和自己筹集的少许资金起家，创办了慈溪无线电九厂，加工电视机零配件。但第二年因为国家宏观调控，黑白电视机销售不出去，茅理翔便开始寻找新产品，最终找到并开发出了中国第一个电子打火器，打开了国内市场。到 20 世纪 80 年代末，茅理翔又开发出新型的电子点火枪，打开了国外市场。1989 年，茅理翔参加广交会，成交了 8 万美元的订单，飞翔正式转型为外向型企业，曾一度占据全球点火枪市场 50％的份额，成为世界最大的点火枪制造商。茅理翔也因此被称为"世界点火枪大王"。

1994 年，茅忠群在上海交通大学获得了电子电力技术硕士学位后，应父亲茅理翔的邀请回到家乡慈溪共同创业。当时，茅理翔经营的飞翔集团虽然已经做到了点火枪产量和出口量的世界第一，却因技术含量较低而面临着激烈的行业竞争和严重被挤压的利润空间。茅忠群认为，要从根本上解决飞翔集团面临的困境，就必须开发出一款具有市场潜力的新产品。经过思考和调查研究后，茅忠群决定选择新的赛道——吸油烟机产业，并劝说父亲成立了新的独立品牌。1996 年，茅理翔和 27 岁的儿子茅忠群创立了宁波方太厨具有限公司，以生产抽油烟机等厨房产品为主。

回顾最初的交班过程，虽然决定回家接班是顺理成章的，茅忠群对企业却有不同的想法，经过反复讨论才最终说服父亲，创立方太。一开始茅忠群就与父亲约法三章：第一，不介入父亲的点火枪事业，创立方太新业务，重大决策在于自己；第二，新业务由自己主导重大决策；第三，要做高端品牌，要有自己的研发和销售。从 1996 年创立方太开始，茅理翔就任董事长，茅忠群任总经理。

尽管茅忠群和父亲"约法三章"，争取了自己的主导权，但在一些管理和决策上，和父亲的冲突和矛盾却无法避免。比如父子持续多月争论关于方太的取名，茅理翔希望以飞翔为名，把飞翔集团改成飞翔厨房电器有限公司，但是茅忠群认为"飞翔"这个名字不适合，希望改成"方太"，易写、朗朗上口，女性化的品牌名称和厨房贴近。两人为此产生了激烈的争执，茅理翔回忆道："当时争论还比较激烈，有时候他吃饭吃到一半就走掉了。当然我们都是知识分子，所以也不会高声吵闹。后来我太太问我儿子的说法对不对？我说他的说法也是对的，最后就同意他了。"

后来，方太还邀请"方太"——方任利莎女士为品牌代言人，并合作投放了"炒菜有方太，除油烟更要有方太"的广告。成功的市场营销配合过硬的产品，迅速奠定了方太在吸油烟机市场的地位。成立不到 3 年的方太便实现了 2 亿元的销售业绩，其在吸油烟机行业的市场占有率跃居第二名。

在成功攻克下吸油烟机市场后，方太开始拓展产品线。2002 年，方太在零冷水、恒温恒压等技术上取得突破后，开始投资建立燃气热水器生产线，正式迈向专业厨电生产商。2003 年，方太正式将品牌定位由"方太厨具"改为"方太厨房专家"，试图在消费者印象中将方太和厨房专家对等起来，并明确了"专心、专注、专业"的战略理念。2009 年，方太确定"高端、专业、负责"的发展战略，并将品牌定位于"嵌入式厨房电器专家"，专注于嵌入式高端厨房电器领域。

经过 6 年的培养，茅理翔让茅忠群全面接班，茅忠群将方太打造成中国高端厨电领导品牌，并建立了独特的儒道管理哲学和企业文化。2010 年，茅理翔将其持有的 35％的方太股份转给茅忠群，彻底完成交接。

以良知为泉源的创新

2010 年，方太作为全国吸油烟机标准化工作组组长单位，主导制定吸油烟机的国家标准，并主导完成了国际电工委员会关于吸油烟机国际标准的制定，在国际吸油烟机行业中发出了代表中国的声音。2011 年，方太获得中国质量协会颁发的"第十一届全国质量奖"。该奖项作为质量管理领域的权威奖项，代表了对于方太在产品质量、企业管理以及行业实力等方面的高度认可。2015 年，方太将企业愿景由"成为一家受人尊敬的世界一流企业"改为"成为一家伟大的企业"。对此，茅忠群解释道："伟大的企业导人向善，希望方太在满足客户需求之余能承担起更多的社会责任，传递更多的正能量。"新的愿景向方太提出了更高的要求，也激励着方太人去奋斗和实现。

在面对厨电行业激烈的竞争时，方太拒绝价格战，坚持创新。2017 年，方太厨电销售收入突破 100 亿元，成为众多中国厨电企业中第一家销售额过百亿元的企业，并进一步拉开了与其他品牌的距离。面对这一里程碑式的成就，方太将它视为一个新的起点。

在方太集团董事长兼总裁茅忠群的观念中，方太要做的不是简单地拓展产品线和规模，而是要致力于为追求高品质生活的人们提供优质产品，服务亿万家庭对于幸福生活的追求。因此，方太坚持科技创新，每年将不低于销售收入的 5％投入研发，对于重大项目的研发投入更是不设上限。2019 年，方太拥有厨房电器领域专家在内的近 800人研发团队，建立了国家认定的企业技术中心和中国合格评定国家认可委员会认可的实验室，同时，在德国、日本等地设立了研究院。2019 年，方太获得的专利授权量超过 1200 件，截至 2023 年 6 月，方太拥有国内授权专利超过 11000 件，其中，发明专利超过 2500 件。技术是核心。但用户需要什么样的创新？茅忠群认为，"以良知为源泉的创新，才是成就伟大企业的关键。"创新从用户中来，到用户中去，才是有效、有爱的企业行为。

方太文化的发展阶段

茅忠群在学习西方管理理念的同时，也在摸索适合中国企业的管理文化。在方太早期全面导入中华传统文化的时候，茅忠群尝试摸着石头过河，一边学习和研究，一边实践总结。方太的文化建设，经历了 4 个主要的发展阶段：1996—2000 年的初创期；2001—2007 年的酝酿期；2008—2017 年的践行期；到 2018 年，方太把中华优秀文化和西方管理理念相融合，形成了具有中国特色的"中学明道、西学优术、中西合璧、以道御术"的方太文化管理体系。

1996—2000 年：坚持品牌创新

自 1996 年创立至 2000 年，方太文化处于最初的发展期。有了前车之鉴，茅忠群为避免企业再次陷入点火枪事业所面临的价格战的困境，主张创新文化和品牌文化，确立了方太以革命性的技术创新来赢得市场的主要目标。当时的方太还没有吸油烟机相关的行业经验，但吸油烟机市场已然竞争激烈，特别是在中低端市场。经过详细的市场调研后，茅忠群发现，已有的吸油烟机还不能在效果、外观、安全性和清洁便利程度等方面满足消费者的需求。因此，茅忠群将方太定位在高端市场，提供当时市场上所不具备的高效、美观的油烟机。

除了投资 3 000 多万元建立第一条吸油烟机生产线外，茅忠群更是不惜重资招聘研发人才，并着重改善当时市场上主流吸油烟机吸力差、难清洗、不美观等问题。1996年，方太推出了完全自主设计的深型吸油烟机，着重改善现有吸油烟机的不足之处，并通过加入工业设计使产品具有更加美观的外形，给消费者带来了耳目一新的感觉。这款产品一经推出便供不应求，第一年便实现了 3 万台的销量，这也激励了方太持续创新，坚定了方太服务消费者的决心。1 年后，方太在第一款吸油烟机的基础上进行了调整升级，推出了第二款吸油烟机——人工智能深型吸油烟机，该款产品最大年销量达 40 多万台[29]，奠定了方太的市场地位，也使得创新和高品质成为方太的基因。

2001—2007 年：构筑西方管理体系

产品创新在创立初期为方太赢得了市场的一席之地，

也成功避开了中低端品牌激烈的价格战，给方太带来了销售的爆发式增长。然而到 1999 年左右，方太的增速开始放缓，主要有两个原因：第一个是国内其他吸油烟机品牌注意到方太的发展后，开始采用价格战等竞争策略来挤占方太的市场份额；第二个，也是方太认为更为重要的原因是，方太自身的管理模式并没有跟上销售的规模扩张。

方太自 2001 年起开始导入西式管理模式。2002 年，茅忠群在中欧国际工商学院修读 EMBA 课程，并在方太引入卓越绩效管理模式，邀请咨询公司参与设计和建立管理体系；同时聘用职业经理人，逐步建立完善的人员管理模式。为了提升企业整体的管理水平，方太陆续引入并建立了集成产品开发（IPD）流程、ISC 管理、OA 财务预算管理、六西格玛管理和全员绩效管理系统等一系列职能管理系统，帮助企业实现了稳步增长。从 2004 年开始，方太吸油烟机的零售额及销售量在市场的占有率连续 6 年位居首位[30]。茅忠群认为，有效的西方管理体系帮助方太实现了"法治"，使得企业能更高效地进行科学管理，让他将更多的精力投入产品研发中，拓展方太的产品线。在这一阶段，方太也开始涉猎厨电的其他业务，并成功推出智能热水器、燃气灶等电器。

2008—2017 年：引入中华优秀传统文化

虽然方太的管理制度改革取得了显著成效，但是茅忠群的探索却没有因此而停下。经过对管理的深入研究，茅忠群意识到，西方管理学要起作用，除了规章制度和科学管理这条明线，还需有一套价值观和信念或社会习俗的暗线与之相辅相成，共同约束；完全照搬西方管理经验并不能适应中国的需求，很多管理理论也很难在中国发挥出理想的效果。他认为，中华民族在悠久的历史中形成了一些宝贵的价值体系，如果能将这些价值观念引入企业管理，也许能与西方管理理论相配合，从而形成在中国本土行之有效的管理制度。

2008 年，茅忠群在清华大学和北京大学深入学习国学等理论精髓后，尝试性地将中华优秀传统文化引入方太的管理，搭建了方太文化的初步框架。方太将儒家五常"仁、义、礼、智、信"纳入企业价值观。"仁"，即仁者爱人，为别人着想，方太提倡在业务上为顾客着想——"以用户为中心"，在管理上为员工着想——"以员工为根本"；"义"则是公平公正，因地制宜，达到合适合宜的效果；"礼"就是礼制，包括员工行为规范和管理制度等，方太强调在制定制度时要体现"仁"，也要符合"义"；"智"指智慧，即在工作业务中运用智慧；"信"包含诚实守信和互相信任。作为方太倡导的道德准则，五常指导着员工的思想和日常行为。

为了创造一个良好的环境帮助员工学习并融入企业文化，方太在 2008 年迁入新址时，辟出了 200 平方米的教室作为"孔子堂"，用于讲授儒家文化；鼓励员工在每天早上上班时利用 15 分钟来阅读《三字经》《大学》《中庸》等经典著作。全公司包括管理层和车间员工的一天是从诵读《三字经》和《弟子规》开始的。新员工的入职培训也安排在孔子堂，进行读经。茅忠群相信像《论语》这么经典的书，读百遍以后，人的气质会改变；如果家人一起读，家庭会和谐。现在整个社会，很多人没有道德底线，读《论语》能先让自己的员工有道德底线。

茅忠群认为，引入中华优秀文化并不意味着守旧，恰恰相反，方太创新的源泉就是方太文化所提倡的"仁爱"。2010 年，茅忠群在阅读到一篇油烟加剧肺癌风险的新闻报道后，决定改变吸油烟机的研发方式。出于仁爱之心，他将原先的吸油烟机量化评定指标改成了定性的"最佳吸油烟效果"，鼓励员工向善，并带着一种促进健康的使命感进行相关的设计和创新，推出了自动巡航增压技术①。方太将该项技术陆续运用于"风魔方""云魔方"等系列明星产品。其中，智能风魔方吸油烟机JQ01TB系列型号自2013年问世后连续6年稳居畅销榜首位，这项专利技术撬动了方太近80亿元的销售额，该项技术也斩获"浙江省专利金奖"，方太是家电行业唯一获此殊荣的企业。

在引入传统文化后，方太提出了"中学明道，西学优术，中西合璧，以道御术"的十六字方针，用于协调中国企业管理中西方管理学与中华优秀传统文化的关系。"中学明道"指的是通过对中华优秀传统文化的学习来领悟企业经营之道；"西学优术"体现了方太对于西方现代管理体系的吸纳，积极学习并采纳应用行之有效的管理流程、制度、体系、工具等。"中西合璧"和"以道御术"即用企业的核心理念去驾驭、改造、优化西方现代化的管理理论，使之适配到方太的管理场景中。

2015年，方太将企业愿景更新为"成为一家伟大的企业"，取代了之前的"成为一家受人尊敬的世界一流企业"。茅忠群解释，这一变更是因为伟大的企业不仅要满

---

① 自动巡航增压技术如同吸油烟机的"肺"，能够根据烟道阻力和风压变化自动调节烟机排风风压，从而确保排油烟的通畅性，最大限度地达到节能效果，保证人体健康。

足客户需求，还要承担更多的社会责任，传递正能量。新的愿景对方太提出了更高的要求，同时也激励着全体员工不断努力，实现更高目标。

2018—2030 年：为了亿万家庭的幸福

随着对中华优秀传统文化的深入学习，茅忠群以及方太员工的价值观也受到了潜移默化的影响。茅忠群认为，中华优秀传统文化是一种哲学观，而哲学问题更多解决的是关乎人的幸福的终极问题。在 2018 年方太年会上，茅忠群提出了新的企业使命："为了亿万家庭的幸福"，并立下了四个大志：10 年内助力 1 000 万个家庭提升幸福感；10 年内助力 10 万名企业家迈向伟大企业；2035 年左右实现千亿元级的伟大企业；10 年内与合作伙伴共建 1 万个幸福社区。在茅忠群看来，方太不仅是经济组织，也是社会组织，需要承担更多的社会责任，积极导人向善，让顾客获得超越产品功能、上升到情感价值层面的幸福感受。因此，仅仅通过高品质的产品和服务"让家的感觉更好"已经不能满足方太的目标。新的使命是要让"亿万家庭"享受健康、环保、有品位的生活，实现幸福圆满的人生，这里的家庭不仅指方太顾客的家庭，还包括方太员工的家庭、方太合作伙伴的家庭、方太大家庭、祖国大家庭，乃至人类大家庭。

为了达成助力 10 万名企业家迈向伟大企业的目标，

方太集团通过方太大学于 2018 年成立了一家民办非营利性组织——方太文化研究院（简称"太文院"）。方太集团内部形成了党群办、企业文化部、方太大学文化学院和太文院等方太文化组织。依托方太 20 多年中西合璧的经营管理实践和方太大学教育培训平台，太文院面向中国企业家、高管和方太上下游合作伙伴（比如供应商、经销商、服务商、广告商）推广中华优秀文化和方太文化。对于太文院的成立与使命，方太大学执行校长、太文院院长高旭升解释道："太文院的存在价值就是传播中华企业文化，成就万千伟大企业。伴随着中国企业家日益提升的文化自信并尝试探索中国式企业管理模式，方太用自身二十几年的探索为众多企业家提供了一个鲜活的、丰满的实践案例，更是用百亿元经营实绩证明了一套具有广泛适用性的、中西合璧的管理模式。"在提炼方太组织经验和智慧的基础上，太文院研发了方太文化体验营、方太文化修炼营、方太文化践行营等系列文化产品，通过企业参观游学、高管文化分享、方太员工现身说法、茅忠群亲自问道解惑、中西经典解读、以道御术专业主题分享、中医理念和幸福健身功、家庭关系经营、五个一践行、礼仪善乐等体验环节，帮助企业家对中华优秀传统文化有全新的认知，重新思索中华优秀传统文化与企业经营的关系。

2019年，方太创新性地提出了心性修炼法则"五个一"（见表7.1），作为"员工得成长"维度教育熏化的核心内容，即"立一个志，读一本经，改一个过，行一次孝，日行一善"。"五个一"是茅忠群与方太员工在10多年的文化学习和探索中对于圣贤教诲进行创造性的转化，提炼出的契合方太文化的具体修炼方法。"五个一"方法简单，适用于不同层次的员工，也对员工个人、家庭和企业等组织有重大的作用。茅忠群解释道："员工在'五个一'的修炼中，能提升自身的正能量，当每个人的能量提升了，整个团队的能量也会提升，同时也会产生一些同频共振，这样，组织能量也就提升了，体现为士气。"

表7.1　方太文化内容释义

方太文化	具体内容	释义
"五个一"幸福法	立一个志	可分为成人之志（即成为一个什么样的人）、成事之志（即家庭目标或工作目标等）、健身之志（即健身目标）
	读一本经	读中华优秀传统文化经典，如《论语》《大学》《中庸》《道德经》《了凡四训》等，以及专业类经典，如财经管理类、科学技术类等
	改一个过	改掉错误的知见、不善的念头、过激的情绪、偏私的行为等
	行一次孝	做让父母或其他长辈高兴乃至感动的事情

续　表

方太文化	具体内容	释义
	日行一善	尽好本分是首善，以及做举手之劳的小善
创新三论	创新的源泉是仁爱	带着"仁爱之心"，从顾客的角度出发，利用创新为顾客提供健康幸福的生活
	创新的原则是有度	满足或者创造顾客正常合理的需求，而不是过度刺激人的欲望，让用户感到"恰到好处"
	创新的目标是幸福	通过创新提升顾客生活的幸福感，服务亿万家庭的幸福
核心价值观	仁	仁即仁爱，仁者宽厚爱人，并替他人着想
	智	智即智慧，智者明辨是非，利用智慧解决问题
	勇	勇即勇气，勇者临危不惧，遇事果敢，能承担责任

资料来源：方太集团。

　　方太文化不仅指导着员工的日常业务和产品创新，也在员工的聘用、晋升中起着至关重要的作用。方太集团人员 & 文化总监蔡江南分享，方太在进行外部招聘时，有一套与人才管理技术公司共同开发的根据"仁""智""勇"三达德制定的价值观测评模型，帮助公司选拔文化更匹配的员工。此外，方太的特色文化对于员工的晋升起到了很好的指导作用，即帮助方太对于人才选拔在专业性和文化价值观之间取得平衡。德才兼备也已经成为在方太晋升必不可少的条件。同时，茅忠群表示："由于方太的文化越来越有特色，方太更倾向于提拔内部培养的中高层人员，而不是从外部引进高管。"

随着方太文化体系的逐渐成形，方太文化建设的重心转向了文化深耕，并就是否将文化纳入绩效考核展开了讨论。茅忠群对于就文化价值观进行考核不无顾虑，他认为，文化的接收和吸纳需要员工发自内心的认同，如果采用考核的模式，试图通过制度去改变员工的认知，很可能会得到虚假的、变形的"文化"，并且会被员工误解为文化带有很强的目的性或者工具性，最后反而得不偿失。但方太企业文化部陈高选部长在认真学习了华为、阿里巴巴等标杆企业的文化考核模式后，提出考核制度的确立会给员工提供一个反馈和纠偏的机制，并帮助方太价值观实现落地。随后，企业文化部对集团内部上万名员工通过问卷和访谈等形式进行了调研。调研中，有部分员工反映了内心对于公司文化的认可，但可能因为认知理解还不够深刻，很难将文化转化为自己的行为。因此，文化部初步拟定基于"仁""智""勇"制定具体情境化的行为评价标准，以此为参照和考核标准来规范员工的工作行为，并在集团内部讨论将价值观考核纳入员工评价的制度。

具有中国特色的文化体系——"中学明道、西学优术、中西合璧、以道御术"

方太的文化在经过上述四个阶段的演变和升级后，形成了一套具有中国特色的文化体系，主要由三个部分组成：核心理念、基本法则和四大践行体系。这三个部分共同组成了方太文化的同心圆，阐述了方太文化的内容，并指导着方太文化的落地（见图7.1）。

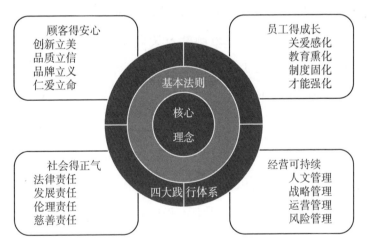

图 7.1　方太文化

资料来源：方太集团。

方太的使命是"为了亿万家庭的幸福"，愿景是"成为一家伟大的企业"，核心价值观是"人品、企品、产品，三品合一"。基本法则介于核心理念与践行体系之间，指导着方太人如何将核心理念落实到具体操作。四大践行体系是在核心理念的指引、基本法则的指导下的具体操作手册，源于伟大企业的四个方面，即"顾客得安心，员工得成长，经营可持续，社会得正气"。

其中，员工作为方太经营的主体和方太文化的主要践行者，其成长对于方太成为伟大企业至关重要。在方太，"员工得成长"主要通过关爱感化、教育熏化、制度固化和才能强化四个方面落实。关爱感化即在物质和精神层面给员工关怀，为此，方太建立了全面薪酬福利体系，并推出了身股制，旨在与全体员工共享经营成果，实现物质和精神双丰收。教育熏化要求员工诚于心，精于业，文化即业务，通过专业的服务向顾客传递方太文化。制度固化则是通过合理的奖罚规范员工的行为。方太每年都会根据员工的业绩和文化践行，评选出功勋人物、模范员工、文化践行标兵、优秀团队等奖项，营造学习先进、追求卓越的氛围。同时，员工违纪根据性质分为了三类：A 类过错最为严重，是故意的且超越底线的行为，例如伪造证件、数据等不诚信行为，违纪者立即辞退；B 类过错包含故意违反制度的行为，以及虽非故意但客观上对公司造成损失或形象损伤的行为；C 类过错是无心之失，但若 3 个月内连犯 2 次则升为 B 类过错。过错管理制度不强调经济处分，而是激发过失者的羞耻心和敬畏心，起到教育作用。才能强化指针对不同发展阶段的人才实施相应的培训计划。

"身股制" 的激励

茅忠群在为方太设计中长期激励机制时，受到了源于晋商的身股制度的启发。在旧时晋商的股份构成中，除了出资人的银股，还有出力者的身股，即不需要出资，凭劳动获得的股份。在利益分配上，身股与银股享有同等权利，即在工资之外获得利润的分红，但是身股不得转让，即"人在股在，人走股消"。在仔细研究后，茅忠群认为身股制度与方太提倡的"仁义"不谋而合。

2008 年初，茅忠群决定采用身股制作为方太的中长期激励机制，但在制定身股的享有范围时陷入了思索。身股的范围通常来说仅限于少部分高层和骨干，但是这明显与方太提倡的对员工的仁义背道而驰。如果仅有部分员工能享受，又如何能体现出方太对于每一个员工的仁爱之心？但另一方面，身股不能变成"大锅饭"，如果身股享受的总人数变多，就会相应地稀释每个人能获得的激励效果。最后，方太相信"君子喻以义，小人喻以利"，决定对全

员配发身股，但每个人获得的身股数由个人贡献决定，兼
顾仁与义。

在方太的全面薪酬福利体系中（见表7.2），身股是在
工资、奖金进行市场薪酬对标后给员工的额外奖励，真正
做到了与全体员工分享利润。蔡江南表示，方太的身股制
体现了员工的物质丰收与方太对于员工的关怀存在着一致
性关系。他补充道："外界常常认为宣扬企业文化就是要
员工多追求精神层面的东西，而不是物质。身股制明显向
这种观点宣战了。"

表7.2　方太的全面薪酬福利体系

薪资		福利				分红
固定薪资	浮动薪资	生活补助	健康安全	员工关怀	学习休假	
基本工资 年功工资 通信津贴 高温津贴 政府补贴	加班工资 绩效工资 月/季奖金 年终奖金 专项奖金	住房公积金 免费住宿 首次购房贷款 租房补贴 购车补贴 公司产品优惠	社会保险 商业意外险 补充医疗险 海外出差意外险 员工健康体检	疾病看望 生日关怀 节日关怀 防暑降温关怀 长期服务纪念	文化教育 员工培训 带薪年假	身股分红

资料来源：根据方太集团提供的材料整理。

在集团各个部门进行了历时2年的系统讨论，对身股
制制度纲要修改16稿之后，方太于2010年5月正式施行

身股制。所有在公司工作满 2 年的方太员工，自动成为身股激励的对象，根据拥有的身股数按比例享有方太集团利润的分红。2012 年，方太进一步将身股分配比例从集团总利润的 5％提升到 6％。身股制规定，每位员工享有一定数量的额定身股数和分红身股数。额定身股数以员工职位等级为基础，结合岗位价值和贡献来确定，只要员工不离职，就能一直享有；分红身股数则是根据员工个人综合评定确定[①]。方太正在优化身股制，会考虑给一定级别以上的员工增配身股的机会。在每次增配后，员工可以享受为期 5 年的分红身股，分红期过后，增配的身股就失效了。但是方太每年都有一个评估的机会，衡量员工是否能够获得新的增配。

　　方太用身股制保障了员工的利益与企业的发展相一致，因此，身股制受到了新老员工的一致认可。在方太工作 11 年有余的客户体验部经理曾庆虹分享道："身股制让我有归属感和认同感，并且让我有了与公司共进退的感觉。每当身股分红时，我都会去关注每股的价值，并且会自主地去思考，公司今年经营如何。"她解释道，身股制

---

　　① 分红身股数量＝员工额定身股数×配股比例×补充系数×奋斗系数×绩效系数×享有身股月份数÷12×年度出勤率，其中，配股比例第一年为 50％，第二年为 100％；补充系数用于平衡集团、子公司和事业部的金额；奋斗系数则由是否获得功勋人物、模范员工等奖项来决定。

还起到了一种战略牵引的作用，让不同部门形成事业共同体。每当销售增加时，客户服务的工作量也会显著增加，但每个人都忙得很快乐，而一旦工作量减少，她们也会感受到销售上存在的压力。品牌部的刘志豪刚加入方太不久，还未正式享有身股，但他仍然表示方太的身股制跟他之前在互联网初创企业被承诺的上市分红完全不同，"身股不是在给员工'画大饼'，而是实打实地给愿意长期在方太奋斗的人的福利和照顾"。

创新三论

"文化即业务"是方太文化践行体系的一部分，茅忠群解释称，"文化是业务的基础，业务是文化的呈现和结果"。产品创新一直是方太业务发展的核心，而驱动不断创新的正是方太文化中的"创新三论"（见表 7.1），即"创新的源泉是仁爱，创新的原则是有度，创新的目标是幸福"。

正是带着这样的初心和使命，方太在 2012 年组建了"H 项目①"小组，开始了对饮水健康的探索。尽管方太以

---

① "H 项目"中的 H 是水的化学式 H_2O 的首字母，也是健康 health 的首字母。

电器起家，一直以来的强项是机械和金属工艺等领域，对于净水机用到的滤芯以及膜技术涉猎不深，但是在方太，项目的成立与否取决于对用户的健康与幸福是否有价值。因此，"H项目"可以被认为是方太文化催生的一次创新尝试——饮水健康与方太的使命高度契合，也与亿万家庭的幸福息息相关。"H项目"直接向茅忠群汇报，方太希望通过"H项目"探究出健康水的要素，也为用户提供更健康的生活方式。

初涉净水领域时，正是净水器快速增长的时期，很多品牌通过贴牌、代工的模式迅速开发产品，抢占市场份额。但方太拒绝跟风市面上成熟的净水技术，利用现有的品牌知名度赚钱，而是从顾客的角度思考，什么样的水才是适合人体的健康好水。项目组经过反复研究和探讨，确立了研发思路：滤除水中的重金属等有害物质，保留天然有益的矿物质。然而，知易行难，方太在世界各国也未能找到好的净化技术达成技术合作。当时，茅忠群面临的是要不要继续做的抉择：坚持，是一条高投入、高风险的道路；放弃，则意味着提供健康水的努力将付诸东流。最终，方太做美善产品的初心战胜了反对的声音。

当项目组经过共同的努力，再次信心满满地去汇报时，还是没能通过审核。方太技术中心研发部的邓愿在回忆起这段经历时说："我当时都快怀疑人生了，近5年的时间，我这一个项目都没有做完。"在加入方太前，他在深圳从事研发工作，按照深圳速度来计算，这5年可能已经完成超过16款新品的开发了。因此，他怀疑过项目组是否不够努力，也怀疑过研发团队是否不够优秀。但自从项目初建，所有人都克服客观条件的困难，白天设计画图，晚上装机测试，常常加班到凌晨，只希望能够达成目标。这时，茅忠群察觉出了他们的低落情绪，鼓励道："水的健康至关重要，不能有一丝疏忽，相关的参数和试验，必须要弄清楚。我都不着急，你们急什么呢？"茅忠群的话启发了整个项目组，方太要做的不是通过净水器扩大业务、增加利润，而是通过创新给顾客打造一个精品，一种健康的生活方式。

经过长达8年的反复打磨，方太终于成功地在净水机上应用了拥有200多项国家专利技术的NSP膜色谱双效净水技术，该技术能在有效滤除水中重金属的同时，保留对人体有益的钙、镁等矿物质元素。然而，这款净水机研发出来之后并没有很快推向市场，而是被方太内部研发团队人员搬回家中试用。方太产品研发体系副总裁诸永定说："要抱着为亲人研发的心去做事，这个机器做出来，你敢让家人第一个用，就过关了，不然还是要继续努力。"

经过反复试验确认后，方太这款出水品质可以达到天然矿泉水标准的净水机正式上市，不同型号的定价在8 000到12 000元之间，为人们的健康幸福生活提供了一个新的选项。

做企业的经典三问——为什么？成什么？信什么？

"2035年左右实现千亿元级的伟大企业"是方太的下一个目标。在茅忠群看来，企业的伟大不在于规模，但是千亿元级的伟大企业才可能影响到更多企业，才可能更好地实现"为了亿万家庭的幸福"的目标。

最早由古希腊哲学家柏拉图提出的哲学的三大终极问题是：我是谁？我从哪里来？要到哪里去？茅忠群曾提出做企业的"经典三问"，即："为什么？""成什么？""信什么？"。"为什么"即是为什么要做这家企业，做企业的目的和意义究竟是什么？"成什么"即是未来10年、20年、30年，要做成一家什么样的企业？"信什么"是指在经营管理企业的过程中，什么是应该做的，什么是不应该做的；什么钱可以赚，什么钱不可以赚；到底应该有什么样的信条。而这三个问题的答案是我们非常熟悉的一家企业的使命、愿景和核心价值观。

方太以使命、愿景和价值观为驱动，以长期主义的态度专注聚焦，以永无止境的精神进行技术创新，成就中国的"开辟式创新"。方太集团开创式地将儒家文化融入企业管理，以中国智慧进行组织建设，将传承千年的中华优秀文化导入方太，明确了方太"中学明道、西学优术、中西合璧、以道御术"的方略。以仁爱思想为出发点，摸索探路，建立起今天的方太文化体系。从我们看到的研发、市场再到售后的每一个环节，方太都有自己的创新文化和具体实施流程，有员工的关怀文化和方法，有合作伙伴的沟通交流文化和具体的标准。在每一个细微的场景中，都在传递和诉说着方太文化。

在接受媒体采访时，茅忠群曾说："方太成功的三个因素，第一是清晰的定位，第二是创新文化，第三是仁爱文化。"[31] 每当媒体问及方太有无上市计划时，得到的回答仍旧是那淡淡的三个字——"不上市"。方太集团是中国改革开放 40 年来有独特思考和经营理念的民营企业，它根植于中国文化，并成功走向国际，其创新管理实践值得许多民营企业学习。

《礼记·大学》里说"修身、齐家、治国、平天下"，茅忠群则适时理解为"修身、齐家、治企、利天下"。走向未来的中国企业，"所挟持者甚大，而其志甚远也"，真正被使命和价值观驱动的企业，路会走得更长远，企业存在的意义更深远，企业家才不负时代的使命。

第8章　李锦记：思利及人

　　2017年的新年，在香港中环无限极广场办公楼顶楼，一群年轻的中国企业家二代们在参观李锦记家族展厅。正在讲解的是目前负责李锦记家族基金的第四代家族成员李惠雄。站在李惠雄先生旁边略带羞涩可爱的男孩，是李惠雄的次子凯文，目前是家族管治的实习生，除作为旁听者参与家族委员会及董事局，也参与家族基金及家族学习及发展中心的项目工作。

　　漫步在李锦记家族展厅中，我们能看到翔实生动的历史照片、记录视频，还有琳琅满目的产品陈列。展厅全方位展示了李锦记的企业核心价值观、产品工艺特色、先进的品控理念，以及致力于发扬中华优秀饮食文化的历程。同时，讲述了李锦记通过各种现代化技术，持续强化每款产品从原料种植养殖和采购，到生产、流通、储存直至销售等各环节的严格管控，将食品安全落实到生产经营的每个细节，践行"100－1＝0"的理念，这便是蜚声世界的酱料王国基业长青的秘密。

提起李锦记，许多人脑海中的第一印象就是"蚝油"。自创始人李锦裳1888年在珠海南水因偶然的机会发明蚝油并创办蚝油庄开始，李锦记至今已传承了近134年，从原来只制作蚝油和虾酱的渔村小作坊，发展为拥有蚝油、酱油、辣椒酱、方便酱及XO酱等200多款产品，远销世界100多个国家和地区的酱料王国。"以质取胜"的坚守成就了李锦记这一蜚声海内外的调味品王国，实现了"有华人的地方就有李锦记"。

开创一家企业并非难事，难的是如何长久发展下去。李锦记集团跨越3个世纪，经历2次家变、5代传承，130多年长盛不衰，最终活成华人世界的一块金字招牌，本身已是奇迹。李锦记之所以是华人企业的传承典范，正是源于其"思利及人"的家族信念。李锦记在百年辛勤的创业传承中继承和发扬了优秀的中华传统文化，树立起"思利及人"的核心价值观，从家族价值观核心理念延伸出三个基本要素——"务实诚信、造福社会、永远创业"，将其作为李氏家族的家训。同时，建立李氏家族根本法——《李锦记家族"宪法"》，使家族和企业的发展有了完整统一的规划，以此为蓝本推进家族的长久和睦。

下面我们将探索李锦记家族在百年历史发展中如何构建家族精神文化体系，形成家族和事业传承百年的力量。

百年创业故事

第一代：李锦裳创立李锦记，从意外发现到创业之路

广东人喜欢吃蚝，除了生吃，还会把新鲜的生蚝连同汁液煮熟，再晒干，称为"熟蚝豉"。1888 年的广东珠海南水镇，以煮蚝为生的李锦记创始人李锦裳偶然将生蚝煮成了浓汁，因而发明了蚝油，并创立了李锦记蚝油庄。因为味道鲜美，有口皆碑，短短几年时间，"李锦记"就成为广东知名的酱料品牌。然而世事难料，1902 年的一场大火让李锦裳奋斗多年的店铺付之一炬。

无奈之下，为了重建家业，李锦裳带着妻儿来到澳门，开设蚝油零售店，继续经营蚝油生意。为了在竞争越来越激烈的澳门市场中确立其地位，李锦裳为自己立下了制作蚝油的规矩，做到"四个必须"：用作原料的生蚝必须鲜活；煮制蚝油用的蚝汁必须保证有品质及保证出品数量；在辅料上必须选用顶级调味品，讲究精益求精；蚝油的加工过程必须确保卫生。凭借这四个必须，李锦记蚝油不仅有了更大的名气，也做出了一个"信"字。然而李锦

裳并不满足于偏安一隅，他开始走出澳门，逐渐建立起横跨广东及香港的分销网络。这时的李锦记只生产及销售蚝油和虾酱两种产品。

李锦裳的三个儿子李兆荣、李兆登、李兆南长期跟随父亲学习，从小便耳濡目染，兄弟三人分工明确、各有所长。1928 年，李锦裳在澳门逝世，按照传统，李家第二代三兄弟共同继承了李锦记，各持三分之一股份。后因大哥李兆荣沉迷于鸦片和赌博，将他负责的货款尽数输光，所以公司的业务主要由李兆南和李兆登继承：李兆登负责对外业务，李兆南则负责内部原料采购和生产等方面。兄弟俩不仅对蚝油的制作了如指掌，还具有极强的商业头脑。他们不断推陈出新，不仅提升了蚝油的品质，还在包装上做足功夫，让李锦记这个品牌多了一个"高档"的标签。到了 20 世纪 30 年代，他们在香港、广州都开了分店。彼时，李兆荣、李兆登觉得父亲留下的产业已经发展得不错，可以保证全家老小过上衣食无忧的富足生活。"小富即安"的心态让他们安于现状，不愿进一步扩张企业。但幼子李兆南却认为家业是守不住的，必须不断创业才能确保家族的发展和延续。

李锦记家族骨子里有一种不断将事业开拓至更广阔市场的"商业冲动"和"永远创业"的精神。为了扩大品牌

影响力，李兆南坚持把李锦记蚝油庄迁到香港。李锦记于
1932 年将公司总部正式搬迁到香港。事实证明李氏幼子的
眼光独到，1946 年，作为自由的贸易港口，香港市场的活
力逐渐展现出来，李锦记也从中获益。20 世纪 50 年代开
始，李锦记蚝油产销两旺，产品也逐渐在东南亚一些国家
打开局面。

第二代：家族重组，从三家共治到一家控股

20 世纪 40 年代，李锦记家族第三代逐渐成年，开始
进入社会工作。李兆荣和李兆登都安排子女到家族企业工
作。在这个时候，李兆南再次显示出他的与众不同，他觉
得家族太多后代在李锦记工作并不是好事，既不利于第三
代成长，也不利于公司的规范管理和发展。于是，他让自
己的长子李文达在高中毕业后自行出去做生意，在社会上
历练一下。秉承父命，李文达在 1945 年来到广州闯荡，5
年后回到香港创立达生皮具公司，经营化妆品、皮具、伞
等产品。直至 1954 年，李兆登去世，李兆南也打算退休，
李文达的堂兄们才要求李文达回到李锦记共同打理家族
企业。

李文达进入李锦记后，也面临着与父亲当年相似的处
境。他的堂兄弟们掌握着李锦记的大权，又开始满足于
"小富即安"的日子，安于只卖旧装特级蚝油和虾酱两种

畅销产品。李文达在家族企业内无法大展拳脚，只好利用空闲兼做自己未入李锦记前的皮具生意，直到 1960 年才完全退出皮具生意。

随着家族成员的增多和企业的壮大，李锦记不得不面对理念不一致和经营管理思路分歧的问题。当时的香港，正处在第二次世界大战后的第一次经济起飞期，来自内地特别是上海的工商移居者让香港人口开始膨胀，经济繁荣，饮食消费随之不断增加。李兆南、李文达父子俩从中嗅到了巨大的商机，他们想做一些平价酱油推广到大众市场，对于公司未来的发展充满信心，希望可以改变公司的产品策略并且进一步扩张店铺，却遭到其他家族成员的反对。20 世纪 70 年代初，李家兄弟们之间的矛盾不断升级。李兆南与儿子李文达建议开拓中低端市场，李兆荣、李兆登两家却极力反对，不太愿意冒险开拓市场，试图维持现状。起初李兆荣与李兆登意欲收购李兆南的股份，三家掀起了争产大战。最终在 1971 年，李文达的堂兄弟们决定移民美国，李文达和弟弟李文乐在父亲李兆南的支持下收购他们的股份。对于当时的李文达兄弟来说，收购价是一笔巨款，他们因此承担了巨额债务，公司也第一次出现了负资产，甚至只能分期付款给堂兄弟们，但是他们掌握了企业完整的控制权[32]。至此，李锦记在传到第二代的时候由三兄弟共治变为一家控股，李兆南一支成为李锦记的唯一接班人。有了对企业完全的掌控权后，李兆南父子大刀阔斧地推进改革，致力于改进生产流程和生产工艺，提高产品质量，推行创意，使李锦记的蚝油和虾酱产品畅销北美各大城市。

取得控制权的同年，李兆南将掌门人的重任交给了儿子李文达，使其成为李锦记的第三代接班人。李文达和父亲李兆南一样具有极强的商业头脑，不仅能够审时度势，更是成功带领李锦记渡过了难关。产品单一是李锦记的致命弱点，李文达上任之后对症下药，大刀阔斧地搞创新，生产多个档次的蚝油以满足不同层次消费者的需求。多年后，李文达回忆起这次分家时说："我们要发展，有部分人不愿意发展，大家意见不合，分开发展也是好事，设定了正确的目标，也需要有机会才能实现。"这个机会李文达很快就抓住了。1972年尼克松访华，中美关系解冻。中国政府向美国赠送了两只大熊猫，在美国引起了轰动。李文达借此东风，推出了"熊猫"牌平价蚝油，立即得到了市场的追捧，不仅进入中国香港和东南亚寻常百姓家，更是打入了北美市场。进入中国内地市场以后，李锦记也敏锐地把握住了改革开放的机遇，逐渐发展成为内地调味品行业的领军企业。随后，辣椒酱、酸甜酱、豉油鸡汁、咖喱汁等产品也被逐步推向市场。自此，李锦记完成了从单一蚝油生产商向综合型酱料制造商的转型。20世纪80年代后期，李锦记开始多元化发展，除了蚝油外，还生产酱油及系列酱料产品。在李文达的经营下，李锦记逐渐成为全球知名的华人品牌。

第三代：再次分家后的重生，家文化的诞生

历史总是惊人的相似，即使经过第二代兄弟反目的教训，李家第三代仍然没有能够避免兄弟之间矛盾的爆发。李兆南有六女二子，其子李文达在1972年出任公司主席，做了李锦记的掌门人，另一个儿子李文乐则从事金融服务工作。在李兆南退休后，李文达邀请弟弟回到李锦记共同打理家族生意，并且给了弟弟相当可观的股份并委以重任，希望可以兄弟同心，其利断金。20世纪80年代，李锦记进入新的快速发展期。改革开放第一年，李锦记抓住机遇在内地设厂，成为香港第一家投资内地的酱料公司。就在大家都觉得李锦记前途一片光明之时，李文达兄弟却又一次面临分家的家变。弟弟李文乐不幸患上了鼻咽癌，病痛让其对公司的发展日趋保守，而李文乐的妻子也开始担心强势的李文达会侵吞他们的股份。李文乐夫妇决定移居美国养病，因此要求将李锦记转为有限公司并变现股权。这一次，兄弟俩闹上法庭，甚至导致李锦记被法院责令停业半年。

最终，兄弟俩选择庭外和解，由李文达收购弟弟的股份。此时的李锦记正在扩建厂房，尚缺数千万元资金，这一变故无疑是雪上加霜。弟弟李文乐一家移民到了美国，而李文达却只能在内忧外患中带着负资产的李锦记重新开始。当时，不仅兄弟失和，李锦记也面临着资金链断裂的危机。1980 年，李文达的 5 个子女都从海外学成归来，帮助李文达克服一切困难，再次重新创业。

尽管花了极大的代价，但李氏家族在第三代再一次统一了控股权，李文达获得了公司的所有权，最终不但使公司度过了危机，还圆了壮大企业的梦想。他在中国香港的大埔，广东新会、黄埔，以及美国、马来西亚等地建立了生产基地，从国外引进现代化生产设备，实现了生产的机械化和自动化；他建立了符合现代企业运行的管理制度和控制体系，将李锦记事业从作坊向企业和现代公司的方向转变；他还不断创新产品类别，让过去只有有钱人才吃得起的蚝油，进入千家万户和普通餐馆，成为大众生活的必需品，并销售到美国、欧洲、东南亚等地。

两次分家的经历让李文达对于子女们的教育非常重视，与父亲一样，李文达没有让子女在中学毕业后立即加入李锦记。他把 5 个子女都送到美国读书，让长子李惠民和女儿李美瑜主修食品科学及食品科技专业，次子李惠雄主修工商管理及市场学，三子李惠中主修化学，四子李惠森主修财务及管理专业。李锦记现下辖酱料和健康产品 2 个产品集团，李文达本人担任顾问。第四代传人、李文达的次子李惠雄（李文达有四子一女）出任酱料业务的董事会主席，负责管理覆盖 100 多个国家、以 5 个工厂为支撑的庞大经销网络。李锦记第四代传人中最受人瞩目的一员、李文达的四子李惠森则负责开拓新领域。加入家族企业 6 年之后的 1992 年，李惠森在祖籍广东新会创立"南方李锦记"（后更名"无限极"），推出中草药保健品。自此，作为"酱料王国"李锦记的家族成员之一，李惠森的重心开始转移至保健品经营，同时开启了一条家族此前从未尝试过的直销道路。李惠森现任李锦记集团健康产品集团主席兼行政总裁、无限极（中国）董事长。

李文达作为李锦记的第三代掌门人，父辈三兄弟之间纷争的痛苦记忆和自己兄弟阋墙的亲身经历使他痛定思痛。他吸取了家庭纠纷的经验教训，也意识到其实很多企业最后的败局都是由于家庭问题以及亲人之间的矛盾日积月累造成的，他开始对家族与企业间的关系有了更多的思考。在对维持家族企业长久发展的最佳方案进行深入思考后，最终诞生了李锦记以"思利及人"为核心信念的家文化。

家族精神和文化体系

历经三个世纪四代人的努力，李锦记做到了"有华人的地方就有李锦记"，成为华人企业传承的典范。李锦记家族之所以能够不断壮大，传承至第五代，正是源于李锦记"思利及人"的家族信念，构建了一系列符合家族精神的文化体系。家族精神如何在代际传承之间深化与落地？家族精神包含隐性的内容，可以通过家族成员的行事方式表现出来；但家族精神也可以通过显性的内容，比如家规、家训和家族"宪法"来体现，如图 8.1 所示。

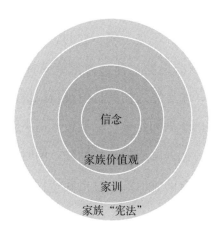

图 8.1　家族精神和文化体系

　　家族使命和信仰是成功家族企业的根基，延伸出家族企业的核心价值观和为人处世的方式。价值观构成了家族治理的思想基础。在价值观的基础上，形成规范的、可操作的家训。家训对内要求家族成员自律，是家族治理的依据和家族成员行为的规范，是强化家族精神的一种手段。但家训并不能提供具体的解决办法，也不涉及家族在具体商业上的安排。

　　家族"宪法"则是根据家族未来的理念、原则和政策设立的内部章程，是家族成员之间的一种契约。家族"宪法"以家族信念为核心，围绕家族和企业的需要设定规则来指导及解决家族内部的问题，比如订立家族价值观、家族组织架构、家族产权分配计划、企业管理权和所有权、家族成员聘雇政策、家族成员退休政策、家族成员行为准则等。

　　但家族精神也并不是一成不变的，在家族发展过程中出现的每一个核心人物，都会为家族精神的培育作出贡献。家族中每一个主导人物的价值观得以继承和发展，促进了家族精神的丰满和延续。家族传承的关键，是让新一代的家族领导者把握家族精神的精髓，同时能够在解决新问题时不断对原有的价值观进行更新迭代，为家族文化带来新的要素。

　　两次家变让李文达对家族与企业间的关系有了更多的

思考，觉得"无论如何，都要以家族为先，要以思利及人的直升机思维顾念家族的整体利益，因为没有和谐的家庭，就不能延续家族，亦没有可延续发展的家族事业"。

李文达意识到必须在家族内部建立一些规则，才能保证公司和家族可以健康地延续下去。于是他开始深入思考维持家族企业长久发展的最佳方案，最终形成了李锦记丰富的"家文化"，如图 8.2 所示。

图 8.2　李锦记的家族精神体系

核心信念——思利及人

李家第一代和第二代在经营中一直秉持理解顾客、合作互利的经营理念。在历经了两次家变后，李文达结合自己经营管理的体会，从一幅手书字幅"修身岂为名传世，做事唯思利及人"中提炼出了"思利及人"这一家族信念，将其作为治家和经商的信条，并且灌输给家族后代。李文达认为，做事先要思考如何有利于人，利于大家。"人"不仅包括李家后代，也包括员工、消费者和上下游的商业合作伙伴，甚至是竞争对手。在企业传承与发展的过程中，无论是对客户还是供应商，抑或是合作伙伴，李锦记始终贯彻"思利及人"的精神，坚持在制定政策、做出决定前整体思考如何有利于大家。

后来，李家第四代的四兄弟又将"思利及人"进一步解读为"换位思考""关注对方的感受"和"直升机思维"三个要点。换位思考即做任何事情都要站在对方的立场上去思考；关注对方的感受，即无论做什么事，说什么话，都要关注对方的感受；直升机思维则要求家族成员要站在整个国家、民族、社会和家族的整体高度去思考问题。

李惠森在《思利及人的力量》一书中写道："'思利及人'包含三个要素：直升机思维、换位思考和关注对方的感受。其中，直升机思维要求我们考虑问题能像坐直升机一般，超越个人和眼前的局限，站得高才能看得远。""思利及人"精神强调惠及更多的人——从你、我、他到我们，从个人到集体，从小家到大家，从企业到社会，它始终贯穿于李锦记家族治理与企业治理的方方面面。

李锦记还通过一些具体的措施来保证"思利及人"的精神能够代代相传。譬如六种沟通模式："我们"大于"我"、坦诚表达、建设性反馈、畅所欲言、积极争论、对事不对人。同时，也列举了六种不被接受的沟通方式，包括：负面情绪、一言堂、不客观聆听、"我就是这样"、言行不一致和人身攻击。李氏家族希望通过这些具体化的要求来达到代际间的和谐沟通和价值观一致。

永远创业

李兆南凭着不懈的努力创业，两次带领李锦记从负资产的困境中重获新生；经历过两次家变，李文达从父亲李兆南身上学到了不断进步、永不服输的精神。李文达深刻认识到，创业对于家族延续和企业成长有着非同一般的意义。他提出"守业是守不住的，只能不断创业、创新"，也就是"永远创业"的理念。正是在这一理念的指引下，李锦记确立了两个使命："发扬中华优秀饮食文化""弘扬中华优秀养生文化"。这既是家族的使命，也是企业的使命，激发更多李氏家族成员参与创业创新。

李文达的四个儿子中，小儿子李惠森曾在其他公司工作并最终在父亲的劝说下加入家族企业。1992年，正是在"永远创业"的家训的激励下，李惠森提出进军保健品市场的战略。在家族的支持下，李惠森与南方医科大学（前称"中国人民解放军第一军医大学"）合作，成立了无限极（中国）有限公司（前称"南方李锦记营养保健品有限公司"）。目前负责李锦记健康产品板块的李惠森曾说过："家族企业的通病是第一代创业、第二代守业、第三代败业，如果永远在创业而不是守业，企业将永远年轻。保持永远创业的激情，要在激烈的竞争环境和纷繁复杂的变化中时刻保持前进的意识。"

为了确保家族能够不忘创业初心，李锦记还提出了"6677"的原则，意在为了应对现今快速变化发展的社会，任何好的构想在有六至七成把握时就应该及时行动，而不是等到有十全准备后才开始。

家族委员会的协调

李文达认为，家族治理是关系家族事业代代相传的大事。要建立家族至上的理念，并围绕家族的核心价值观在家族内部达成共识。除了这些软性因素，家族还必须建立有效的家族管理制度，建设好家族交流的平台和机制。李氏家族成员对此达成一致：若以企业为核心，家族一旦出现问题，经营就会受到波及；但如果以家族为核心，即使经营暂时出现波动，只要一家人和睦，企业就会屹立不倒。

2002 年，李锦记成立了家族委员会，共同研究家族未来传承及发展，规定了每 3 个月定期召开家庭会议等规则，用以治理家族事务。家族委员会的功能包括：负责家族"宪法"的制定与修订；关注家族价值观的传承与强化；指导全部家族成员的学习与培训；挑选和委任家族企业董事会的成员，由董事会主席挑选和委任家族委员会下层各机构的负责人。

家族委员会下设 5 个下属机构（见图 8.3），由 5 位第四代家族成员具体负责，任期 2 年，到期后由家族委员会票选下一任人选，可以连任。同时，年轻一代的家族成员必须年满 25 周岁才有资格入选家族委员会。李锦记家族委员会下属的每个机构各司其职，让家族成员各得其所。家族"议会"从属于家族委员会，是全体家族成员（包括其配偶）的沟通平台。家族"议会"根据需要不定期召开会议，讨论需要所有成员共同参与的家族内部事务，如每年一次的家族旅游。家族"议会"可由 1 名家族委员会成员提议，或由其他家族成员提议，经家族委员会批准召开。各机构的职能分工如下：

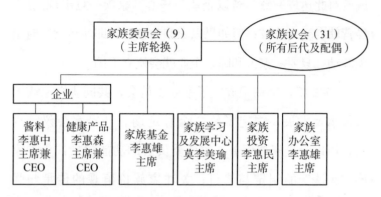

注：李锦记 2016/2017 家族委员会成员：李惠民（委员会主席）、李美瑜、李惠雄、李惠中、李惠森、莫礼逊（Charles）、李学礼（Brian）、李学勤（Jason）、李雪韵（Andrea）。荣誉创会成员：李文达、李蔡美灵。

图 8.3　李锦记家族架构①

（1）企业，包括酱料和健康产品两大板块。

（2）家族投资，负责管理家族在业务之外的其他投资，也支持可行的新创业务。

（3）家族基金，是家族实践"思利及人"核心价值观的平台，推动多代家庭的关爱、沟通及跨代共融，实践代代有爱，从而建立充满关爱及和谐的世界。

（4）学习和发展中心，负责所有家族成员的学习和培训，制订对成长中一代的培养方案，尤其关注家族核心价

———————

① 根据作者 2016 年 12 月在香港采访李锦记家族获取的一手资料整理而成。

值观的传播。负责人由第四代成员轮流担任。

（5）家族办公室，负责为整个家族治理架构提供行政支持与服务，是家族事务的常设性支持机构。

根据其陈列统计，到 2016 年 12 月，李锦记家族委员会在成立的 14 年里，共召开 55 次会议，用了整整 187 天、合计 1 496 个小时来讨论家族事务。

家族"宪法"——与时俱进

李锦记家族委员会成立之后的第一件事就是制定家族"宪法"，如图 8.4 所示。李锦记的家族"宪法"，作为家族内部的正式契约，确定了家族价值观、家族使命和家族宏图，明确了家族的治理结构及其组成，确立了家族与家族企业之间的关系和模式，设定了血缘关系在家族股权传承过程中的基本原则，这是李锦记家族治理的基本规章，也是所有家族成员必须遵守的行为准则。

多年来，李锦记既不引进战略投资者，也不考虑上市，始终保持 100％家族控股。因为李锦记的家族"宪法"规定：一定要拥有李氏血缘才有资格成为股东，不限男女，由于婚姻关系进入李氏家族的成员不能享有股份。

李锦记的家族"宪法"还强调与时俱进、未雨绸缪地

图 8.4 李锦记家族"宪法"目录[33]

制定新条款。比如将来第五代的退股问题，家族"宪法"规定成员可以退股，但是股份必须统一卖回给公司。退股的成员还是家族成员，可以继续参加家族委员会，继续扮演家族委员会成员的角色，不像以前卖了股份就不在这个家族里了。

李锦记相对成形的家族"宪法"还包括：下一代一定要在外面的公司工作 3 年后，才可以进入李锦记，而且进入后，应聘程序和入职后的考核必须与非家族成员相同，如果做得不好，同样会被开除；董事局可以有一些非家族的独立董事，董事局主席也可以是非家族成员；家族委员会每 2 年召开 1 次会议，选定董事会及各个业务的主席，主席可以连任；CEO 可以是非家族成员；除第三代李文达夫妇外，其他家族成员到了 70 岁，须一律退出家族委员会；家族委员会成员在 75％投票同意的情况下才允许修改家族"宪法"，其他议题超过 50％投票即可通过，如果出现双方票数相同的情况，就以摇骰子的方式决定；在第五代中，如果所有 14 个成员都对家族企业的事情不感兴趣，或者所有人都有兴趣而没有能力，李锦记就将在全世界招募最好的人才，并最终派 1 个家族成员进入董事局。

家族"宪法"在讨论过程中曾有一条最引人注目的条款，是李文达提出的"三不原则"：不要晚结婚，不准离婚，不准有婚外情。如果有人离婚或者有婚外情，就自动退出董事会。李文达在目睹周围很多朋友因为家庭不和导致生意衰败、家族衰落后，深知"家和"对一个家族兴衰的决定性作用。但这一条款引起了家族内部的争议，最后在家族委员会上并没有得到超过75%的支持，因此最终未被写进家族"宪法"。

李锦记家族之所以能够不断壮大，传承至第五代，正是源自李锦记在百年辛勤的创业传承中继承和发扬了优秀的中华传统文化，树立了"思利及人"的核心价值观，并使其渗透到广大的员工中。在这种价值观的指引下，公司能较好地处理企业与社会之间，企业内部员工之间，雇主与员工之间，与朋友、与客户之间以及家人之间的各种关系，使企业处于良好的外部环境与和谐的内部环境中，也使每个人的潜能得到了充分的发挥。例如，在处理企业组成内部关系和社会关系上，第三代李文达提出"思利及人"的观念，第四代又将这一观念细化为"直升机思维""换位思考"和"关注对方感受"等更加明确的内容。价值观贯穿在家族代与代之间，并形成共识，帮助企业去建构商业模式，形成有效组成，整合社会资源和改善家族关系。这种家族精神历经萌芽期，后被提炼为家族共识，再通过家族"宪法"的具体形式表现出来，应用于指导家族成员的各种行动和决策。未来，李氏家族希望通过家族委员会和家族"宪法"将家族的核心价值观代代相传下去。

践行"思利及人"的文化

关心客户

在企业传承与发展的过程中，无论是对客户还是供应商，抑或是合作伙伴，李锦记始终贯彻"思利及人"的精神，坚持在制定政策、做出决定前整体思考如何有利于大家。在面对客户和商业伙伴时，李锦记做任何事情都要站在对方的角度考虑问题，不只是关心企业的表现，还要关心客户，关心消费者。李锦记坚持"$100-1=0$"的品质管理理念，认为做 100 件事，只要有 1 件错了，结果将会等于 0，食品安全容不得一丝一毫差错。消费者的生命安全是李锦记关注的首要点，李锦记始终将维护消费者权益放在首要位置，致力于为消费者带来健康安心的酱料产品。特别是在产品的标签上，每个产品的成分会标注得非常清晰，让客户和消费者知晓自己使用的产品。通过完备的产品追溯系统，李锦记可严密监控从食品原料种植、养殖和采购，到生产、流通、加工和配送等供应链的每一个环节。事实上，每一瓶李锦记产品，都需通过 30 多道工序、200 多个质量监控点，严密监测"从农田到餐桌"的每一环节，才能送至消费者手中。

李锦记酱料集团中国区总裁张福钧谈到"思利及人"时表示，李锦记的成功与客户的成功密不可分。"我们的产品不仅仅是为了销售，更希望消费者能买到优质、放心的产品。因此，思利及人的理念是我们要关心所有与我们有生意往来的人，以及整个社会中每一个接触到我们品牌的人，使他们对我们的品牌绝对放心，并感受到我们对每一个人的关怀。"

面对不断变化的消费者需求，李锦记紧跟时代的步伐，使这个 130 岁的老品牌焕发出年轻活力。李锦记致力于与时俱进，挖掘未来的消费者需求。例如，在健康领域，李锦记关注消费者未来的健康关注点；在快节奏的现代社会，开发便捷、快速的产品。同时，作为食品行业的一员，李锦记始终追求产品的美味，并不断推出新的产品。这些创新不仅仅是产品的创新，也体现在其他各个方面：包装创新、市场创新以及管理理念创新。李锦记集团在调味品领域不遗余力地进行创新，为世界各国和各地区的口味量身定制各类产品，涵盖蚝油、酱油及各式酱料等，种类繁多。同时，在不断巩固调味品品牌的同时，李锦记集团实现了从"饮食文化"向"养生文化"的飞跃。

旗下的独资子公司——南方李锦记，自 2014 年开始涉足
中草药健康产品的研发和生产，弘扬中华民族的优秀养生
文化。通过推出养生产品，李锦记集团以实际行动诠释了
对中华传统文化的传承和尊重。

　　商业伙伴亦是家人

　　历经 130 余年，在李锦记家族周围聚集着相当数量的
合作伙伴。很多几代人坚持下来的合作伙伴，历经时间和
危机的洗礼，与李锦记家族之间的关系已不仅限于简单的
商业关系。他们参加李锦记的家族活动，自发地为生意以
外的家族事务捧场。

　　在李惠森的记忆中，小时候父亲常常带着他们外出谈
生意，让他们亲身体验各种商业环境。父亲时常教导他，
当进行采购或交易时，不应一味压低价格直至对方无利可
图。一味压低价格虽然看起来自己得到了便宜，但这样的
做法会让对方不再愿意与你合作，你可能需要花费更多成
本来寻找新的合作伙伴。更糟糕的是，当对方无利可图
时，他们可能会降低产品质量以减少成本，最终这将损害
自己的利益。因此，在做生意时必须"思利及人"，考虑
到别人的利益。"思利及人"即是在行动之前先考虑如何
让各方都获益。这样的经商智慧和人性化的态度一直指导
着李惠森的商业决策。他明白，只有在双赢的基础上建立

合作关系，才能获得长期的成功和稳固的商业伙伴关系。李惠森的理念是在商业活动中要始终坚持公平和诚信，以建立持久的信任和尊重。这种"思利及人"的价值观不仅是李锦记集团的核心文化，也是他自己在创业道路上的重要信条。

在创立无限极的事业中，特别是在 2000 年之前，无限极经历着行业的兴衰起伏。李惠森回忆说："在完全空白的中草药健康产品领域，面对备受曲解的直销方式，无限极的发展历程曲折多舛。"特别是在 1998 年，国家紧急叫停直销模式，无限极陷入了巨大的低谷，不得不探索转型的道路。这一政策调整，让公司和全国经销商都面临着艰难的决策：是坚持下去还是选择退出？禁令颁布当天，在紧急的内部研讨会上，李惠森发表了自己的观点："我们的伙伴中有许多人把无限极当成了毕生的事业，还有许多人是全家人一起参与的。如果公司不存在了，他们将何去何从？"

在企业面临生存考验的关键时刻，李惠森从思利及人的角度出发，首先考虑到了合作伙伴的利益：他们所建立的渠道、积累的经验和倾注的心血。这种换位思考让无限极和生意伙伴迅速达成共识。第二天，李惠森起草了一封信给全国经销商和员工，表达了公司转型而非放弃的决心。这封信及时鼓舞了经销商和员工的士气，赢得了他们的信任和支持，大家选择留下来与公司共同应对挑战。通过坚守价值观和以人为本的经营理念，无限极成功度过了转型的困境，继续为人们提供高品质的中草药健康产品。这个故事充分展现了李惠森对合作伙伴利益的关心和考虑，以及他在危机时刻展现出的远见和领导力。思利及人的价值观成为无限极企业文化的重要支撑，也是他们在行业中取得持续成功的关键之一。

厚待员工

作为一家拥有百年历史的家族企业，李锦记一贯秉持"厚待员工"的企业文化。这种文化从李文达一代延续至今，李锦记家族企业始终珍视员工，这种文化的传承不仅仅是为了维护家族的价值观，更是为了营造一个积极向上、有温度的工作环境。

李锦记始终关注员工的福祉，倡导健康、家庭、事业三方面的平衡，营造一个"爽"的工作环境。李锦记认识到员工是企业发展的重要资本，十分注重员工的培训和发展，为员工提供多样化的培训课程和学习机会，帮助他们提升技能和专业知识。公司持续开展有益员工身心健康的活动，关心员工的全面发展。每年的创业纪念日活动也是李锦记的传统。在这个活动中，员工们与众人共庆，一方面回顾公司的创业历程，缅怀前人为创业奋斗的贡献；另一方面，在活动中传递家庭的温暖，让员工与合作伙伴感受到家庭般的温情与凝聚力。此外，李锦记为员工提供安全和健康的工作环境，鼓励员工平衡工作与生活，从而促进员工的个人成长和发展。

无论是在酱料集团还是在健康产品集团，员工们都能感受到公司对他们的关心和尊重。在李锦记工作的时间长度不仅是一种资历，更成为老员工们引以为豪的荣誉。对于许多老员工来说，长期在李锦记工作是一种资历，是他们对公司忠诚与奉献的象征。这种荣誉感促使他们愿意为公司付出更多努力，积极参与公司的发展和成长。同时，这种积极向上的企业文化也吸引着更多新人加入李锦记大家庭，共同创造更加美好的未来。"李文达很念旧情，对于经理人或者老员工的历史贡献非常看重，每当在李锦记工作 10 年以上的员工要离开企业，李文达总是要安排时间与这些员工谈一下，问问他们为什么要走。"[34]

2021 年，李锦记健康产品集团与酱料集团旗下有 4 家公司，包括李锦记有限公司（香港总部）、李锦记（中国）销售有限公司、李锦记（新会）食品有限公司（新会生产基地）及李锦记（马来西亚）食品有限公司，均获 *HR Asia* 颁发的"2020 亚洲最佳企业雇主奖"。酱料集团香港总部及新会生产基地更获颁首届"WeCare™ 认证"，这是对积极向员工展现同理心及关怀的企业的认可。

回馈社会

李锦记对家的温情更延伸至员工、合作伙伴，以致社会大众。为实践"思利及人"的核心价值，树立榜样，李锦记家族有专门支持公益活动的"李文达与蔡美灵慈善基金""李锦记家族基金"，以及"思利及人公益基金会"，积极履行社会责任，推动多代家族的关爱、沟通及跨代共融。

李锦记致力于回馈社会，积极支持赈灾救急、敬老扶贫等项目，更于新会捐建李文达大桥及无限极大桥，造福桑梓。李锦记还热心推动教育事业，在中国各地捐资兴建学校，包括新会李文达中学，珠海李兆南纪念小学，四川李锦记博爱学校，20 多间无限极小学，创立"思利及人公益基金会"，开展助学圆梦及健康促进项目，更捐资清华大学兴建李文达医学与生命科学图书馆，与中国航天基金会设立李锦记航天奖学金，为国家航天事业培养人才。由无限极（中国）有限公司捐资成立的"思利及人公益基金会"，主要方向包括关注健康、扶贫助教、助弱赈灾、环境保护。截至 2022 年 11 月，无限极通过"思利及人公益基金会"累计捐资捐物超过 1.3 亿元人民币。

　　李锦记集团对环境保护始终极为重视，积极主动承担环保责任，并在各个领域采取行动，为保护环境作出贡献。在厂房实施绿色生产方面，公司坚持节约能源的理念，倡导绿色生产模式，从而减少对环境的不良影响。在绿色物流方面，李锦记集团于2022年投入使用零碳氢能源物流专场，率先开启了酱料行业的绿色物流新时代。

　　除了物流，李锦记在生产、包装、销售等各个环节都深入布局，积极贯彻各项节能环保措施。作为全球首批采用地热能源的酱油生产商，李锦记在生产过程中大力推广地热能源的应用，为节能减排作出了积极贡献。同时，公司积极推动"环保3R"理念，即减少使用、物尽其用、循环再造，不断优化和改良玻璃产品瓶、包装纸箱等的重量，降低资源损耗，实现了资源的有效回收再利用。

　　在环保措施方面，李锦记集团新会生产基地荣获中华人民共和国工业和信息化部颁发的"国家绿色工厂"称号，证明了公司在环境保护领域的卓越成就。这一荣誉也展示了李锦记在全球企业中的领先地位，并证明了公司在环保方面的承诺和行动。

　　家族第五代的未来成长

　　2012年李文达写给第五代的信，挂在香港大埔总部办公室墙上：

> "……我所持有的信念是父亲交给我的生意我要好好珍惜，不能倒在我的手里，而且我看到这个家族业务的前景是无可限量，不能放弃。……我时常感激我的先祖父及父亲，……让我有此荣幸及机会接受由家族传承下来的珍贵礼物。……我愿你们以感恩的心及与我同等的精神去接受这份家族的礼物。谨记我们都只是这份礼物的管家。我愿你们能严谨地承担这个当管家的责任，并教育你们的下一代让李锦记的家族传奇永续延绵……"

第四代知道老一辈的心思，也明白第五代的培养和教育对家族传承的意义。

在经历了两次分家后的家族重建以及制定家族"宪法"后，李惠雄兄弟们将目光转向了家族第五代子女们的教育。李惠雄说："家族需要后代理解并认同家族的价值观，更应共同思考家族现在、未来的目标，以及将来如何成就。"

李锦记的第五代现在共有 14 人，大多尚在求学阶段，因此，家族委员会很重视第五代的教育问题。目前，第五代成员中不少都对艺术、设计感兴趣，有兴趣从事商业性工作的偏少。因此，李锦记家族学习及发展中心作为"促进者"，会定期为第五代成员安排"公共课"和"选修课"的培训。前者帮助他们建立对于家族事业的知识体系和对于经营企业的兴趣，并试图提供一些必要的技能。后者则根据每个人不同的需要和可能承担的不同职务，相应地提供不同的技能培训。

在未来，李氏家族希望通过家族委员会和家族"宪法"将家族的核心价值观代代相传。与此同时，对于第五代的激励和家业传承方面，李惠雄表示还需要在今后的家族委员会议中不断讨论和修正："我们希望下一代可以保持永远创业的精神，但是也必须考虑他们的兴趣。作为长辈，我们没有办法去要求他们必须对酱料或是健康产品感兴趣，我不能说你一定要怎样怎样。但是只要他们可以坚持家族的核心价值观，还是可以去培养的。此外，我们这一代是5个兄弟姊妹，但是到下一代就存在叔叔管侄子的情况。一旦出现意见上的分歧，沟通和支持的方面还是和亲父子间会有差别。"

2021年7月，李文达在家人的陪伴下安详离世，享年91岁。对于李锦记集团百年来如何维持辉煌局面，李文达这样认为："有赖于每一代人的艰苦奋斗，以及家族多年来孕育的一套以务实、诚信、永远创业、思利及人、造福社会及共享成果为核心价值的独特企业文化，我们的宏愿是把这个家族生意无止境地延续、超越千年。"

第9章 维氏瑞士军刀：从瑞士士兵刀到全球品牌

"我和我的父亲在同一个办公室一起度过了34年。我能听到他的一切，他也能听到我的一切。有时候他在那里，我在打电话，然后他以为我是在辩论，他紧张给我打电话，说想跟我讨论一些事情。我回答说我们应该停止打电话。我的父亲卡尔·埃尔森纳三世以非凡的热情投入工作，他的毕生心血都放在了如何更加精妙地组装瑞士军刀的工具上，"卡尔·埃尔森纳四世说道，"他在工程部总是工作到很晚。曾有一次，他在公司里专注地钻研口袋刀中的弹簧，工作一直进行到凌晨3点，直到母亲打来电话，他才突然察觉已经这么晚了。"父亲的言传身授对卡尔四世产生了深远的影响。

虽然维氏瑞士军刀全球闻名，然而制造这一标志性产品的企业却并未广为人知。这家拥有130多年历史的全球化家族企业，在全球范围内享有盛誉。我们曾有幸邀请到维氏家族第四代继承人卡尔·埃尔森纳先生莅临中欧家族传承论坛，同时，在我们的 MBA 课程上分享了维氏（Victorinox）品牌发展的重要历程、成功要素以及品牌理念，与国内外众多优秀家族企业代表共同探寻家族企业发展之道。

61 岁的卡尔·埃尔森纳四世上台时，身着一身"维氏"品牌的服饰，口袋里还装着一把早已磨旧的红色经典款瑞士军刀。他的脸上永远带着浅浅的微笑，对每个问题都乐于回答。他说英语时语速缓慢，吐词清晰，让在场的每个人都可以听清楚，给人如沐春风的感觉。他从自己家族的工厂做起，从学徒做起，历经打磨、装刀，后来在机械部、市场部都有过学习经历。他还曾在瑞士和国外（主要是北美）学习商业和市场营销学，并进修过多个管理学和企业领导力方面的深度培训课程。他高举起随身携带的瑞士军刀，感慨道："这把小小的红色刀具已经成为全球的标志，代表着瑞士品质和可靠的性能。我们为此花了超过 130 年的时间。"

维氏集团四代人，四个愿景

"自从我曾祖父卡尔·埃尔森纳一世开始，我们家族的每一代成员都怀揣着极为明确的愿景，这一传统在维氏集团代代相传。"卡尔·埃尔森纳四世说。

这一切都始于位于瑞士施威茨州的一座名为伊巴赫的美丽村庄。追溯至 1884 年，卡尔·埃尔森纳先生的曾祖父卡尔·埃尔森纳一世，在施维茨州伊巴赫创建了一家刀具作坊。他的母亲维多利亚在自己经营的帽子店中协助销售这些刀具。当时正值欧洲工业革命，而瑞士却是欧洲最为贫困的国家之一，当地几乎没有工业，许多年轻的农民被迫背井离乡，迁往他处。

"我曾祖父认识到我们应该在当地创造就业机会，当他得知瑞士政府正在寻求军用刀具供应时，他看到了一个绝佳的机会。然而，那时我们家工坊太小，无法满足政府对大批量军刀的需求。因此，他创立了瑞士刀匠大师协会（Association of Swiss Master Cutlers），将其他小工坊联合起来。1891 年，这个协会首次联合起来，为政府提供军刀。当时，德国的工业化程度较高，德国制造的产品竞争力远超瑞士的小工坊。尽管许多人退出了，但我的曾祖父坚持不懈。他投入了全部家财，甚至陷入了濒临破产的境地，但他从未放弃。在 1891 年，他完成了第一个瑞士军刀的订单。起初，这款军刀坚固耐用，但是很重。因此，他开始设计精巧的袖珍刀，如学生刀、军官刀和农民刀，并特别为军官们制作了轻便而美观的刀具。直到 1897 年，他才制造出世界上第一把正宗的瑞士军刀，这款第一代瑞士折叠军刀具备 4 个功能：刀片、打孔器、开罐器和螺丝刀。"1909 年，卡尔·埃尔森纳一世的母亲去世，为了纪念她，他将她的名字 Victoria 作为品牌名称，并在瑞士政府的允许下，把十字盾牌徽标注册为商标。"曾祖父最初的目的就是生存，他的愿景是为瑞士军队提供士兵刀。然而，由于个人工坊的限制，无法提高产能，因此，他设法将瑞士本地的小型刀具作坊联合起来，成立了瑞士刀匠大师协会。正是因为这个协会，他有能力为瑞士军队交付了首批主要的军刀供货，而这种前瞻性思维，成为我祖父那一代作为创始人的愿景，也为公司的发展奠定了坚实的基础。"卡尔·埃尔森纳四世说。

维氏集团第二代开始注重工业化生产，致力于提高产量，并寻求高效益的生产方式。卡尔·埃尔森纳二世领导着维氏公司朝着工业化方向发展，他在瑞士军刀制造过程中引入了自动化流水线，并在伊巴赫建立了全球首家全电动淬火工厂。这使得瑞士军刀的生产更加高效，成本效益更加突出。1921 年，不锈钢问世，卡尔·埃尔森纳二世将"不锈钢"融入公司名称，从而打造出了如今广为人知的维氏品牌。

　　1950 年，卡尔·埃尔森纳三世接掌维氏集团，大幅推动瑞士军刀事业的发展，使瑞士军刀文化成为一种全球现象。"第三代着眼于全球化，从而使我们成为全球市场的供应商。"维氏集团开始从刀具制造向多元化产品体系转型，迈入国际化和多元化阶段。"多元化战略有其根本原因。一方面，源自消费者的需求。我们通过消费者调研深刻了解产品和市场需求，而在此过程中，我们也诞生了一系列新产品的构想。从腕表起步，逐渐涵盖了旅行箱包和香水等领域，使其成为我们产品系列的一部分。然而，我们明白，尽管市场需求存在，我们也必须坚守对产品质量的承诺。另一方面，通过拓展多领域的产品，我们进一步提升了品牌的影响力，这也是家族战略的一个重要方面。"卡尔·埃尔森纳四世表示。

　　2007 年，卡尔·埃尔森纳四世接管公司运营，继续推动维氏集团的全球多元化和转型发展。他带领公司进一步发展为拥有多元化产品的全球性企业。他致力于传承瑞士传统和精湛工艺，并为维氏设计的"原创瑞士军刀"能成为瑞士享誉全球的名片而深感自豪。这种红色刀具的高品质、功能性、创新性与设计向来为人所称道，卡尔·埃尔森纳也一直致力于将产品的这一 DNA 融入腕表、旅行箱包、服饰和香水等不同门类的维氏产品中。

2005 年，维氏集团成功收购了德莱蒙的具有悠久历史的刀具和腕表制造公司——威戈（Wenger）公司。随后，2013 年，维氏集团将威戈刀具整合到自己的产品系列中，以便威戈能够专注于在全球开发其最成功的两个品类——腕表和旅行箱包。公司的产品不仅通过自身品牌专卖店销售，还借助遍布全球 120 多个国家的经销商网络销售，深受消费者的喜爱。目前，维氏瑞士军刀的年产量已达 3 000 万把，2018 年的销售份额中，瑞士军刀占 35％，家用和专业刀具占 25％，腕表占 15％，旅行箱包占 22％，香水占 3％。集团的业务遍及全球 120 多个国家，广受各类人士的喜爱。

聚拢家族的力量

目前维氏集团不仅保持着家族的所有权和经营权，还有许多家族成员在企业中担任着关键职务。在最高管理层中，有五位来自第四代的家族成员：卡尔·埃尔森纳四世担任 CEO 一职，他的妻子是市场营销负责人，姐姐负责财务，两位兄弟分别负责质量管理与客户服务以及公司法务与技术。同时，第五代家族成员也在集团内部扮演着重要角色。"我们是一家人，我们共同管理着维氏集团，我们彼此之间亲密无间。"卡尔·埃尔森纳四世说。

　　明确的企业愿景

　　"我们整个家族企业贯穿始终的一个核心管理理念，就是要为全球的消费者带去品质卓越、功能出众的产品，这也给我们日常的工作赋予了更深层次的意义，并且激励我们每天都要好好工作，因为我们的工作是非常有意义的。所以过去这么多代领导人都非常关注以下四大关键点：第一是员工，第二是客户，第三是产品，第四是品牌。"围绕核心的四要素，维氏集团会根据时代的发展变迁而更新迭代企业的愿景。"当我们在看公司历史的时候，发现我们公司的愿景也在发生改变，我们今天的愿景建立在我们四大成功支柱基础之上，我们的人、我们的客户、我们的产品、我们的品牌这四大支柱。"卡尔·埃尔森纳四世说。

　　　　维氏的愿景：维氏旗下员工以极大的热情服务于全球客户，而客户也充分信任我们稳定的产品质量，并对产品的多功能性、创新性和经典设计赞不绝口。我们独一无二的品牌核心产品瑞士军刀，是激励企业发展和运营的灵感之源。

随着时代的发展变迁，维氏集团会不断更新迭代企业的愿景。回顾维氏集团的发展脉络，每一代家族成员都有非常明确的愿景。第一代创始人的愿景是要给瑞士的军队提供军刀；第二代强调的是工业化生产，在追求高产量的同时，追求以成本效益非常高的方式来进行生产；第三代关注的是全球化，希望维氏品牌成为全球市场的供应商；如今第四代的愿景是希望公司能够成为一个纯正的瑞士品牌，产品能够受到原始瑞士军刀的启发。尽管集团愿景会随着时代的变迁而变迁，但其内核是建立在四大支柱基础之上的，即员工、客户、产品和品牌。

维氏基金

在维氏家族中，埃尔森纳四世的曾祖父、祖父和父亲经历过战争和经济周期的低谷，他们在财务方面特别谨慎。这种谨慎主要体现在两个方面：首先，在经济繁荣和公司业务景气时，会建立充足的"储备"，将公司利润保留作为盈余；其次，对于负债持非常谨慎的态度，特别是在考虑银行贷款时更是如此。埃尔森纳四世的父亲经常以亨利·福特一世（Henry Ford I）的话教导儿子："银行在天晴时给你一把伞，开始下雨时却会把伞拿走。"

因此，在长达一个多世纪的时间里，维氏从未向从银行借过一分钱，所有的投资资金都来自自身积累的盈余。

这一策略帮助维氏集团安然渡过了"9·11"后的市场难关，甚至在收购威戈时，维氏也全部使用盈余储备。同时，建立充足的盈余储备，也为维氏形成了一条独辟蹊径之路——利用经济周期，开展具有维氏特色的反周期营销。

卡尔·埃尔森纳四世说："全球经济呈现周期性波动，对我们而言，最为重要的是维持维氏集团的稳定持续增长。我们坚持不向银行借款，以规避公司陷入财务困境、在危机中遭遇重挫的风险。因此，在经济繁荣时，我们常常增加储备，降低库存、创新、市场营销等开支。而在经济衰退时，我们能够借助之前的盈余储备，进行创新和反周期性营销，助力我们克服困境。"正是由于拥有盈余储备，维氏集团在"9·11"事件后采取了更积极的多元化战略。维氏集团制定了一系列多元化举措，对瑞士军刀、旅行箱包和腕表等产品进行积极创新，为机场免税店提供无受限制产品，稳健地渡过了难关。通过收购，维氏成为瑞士军刀领域的唯一代表。

随着维氏的发展，家族体系日益复杂，企业也日益庞大，并不断国际化，该如何保障企业的盈余储备成为维氏的重要考虑因素。埃尔森纳家族在家族内部明确规定，公司的利润、厂房和设备不应被视为家族的财产，而应被视为受托管理的资产。

在 2000 年以前，维氏集团的股权由家族成员共同持有。鉴于传承过程中可能出现股权稀释和分红的情况，这会削弱家族的资产，甚至可能导致维氏集团的衰落，因此，维氏家族的第三代和第四代决定设立公司基金会，将维氏公司的股权交由基金会管理。埃尔森纳家族表示："对我们而言，2000 年是一个极为重要的时刻，当时我们家族决定设立一个公司基金会，该基金会的目标是真正支持公司的长期发展。"

2000 年，维氏基金会正式成立，该基金会持有维氏公司 90％的股份，其余 10％的股份由埃尔森纳家族的一个慈善基金 Carl and Elise Elsener-Gut 持有。Carl and Elise Elsene-Gut 基金于 1994 年创立，致力于支持国内和国际慈善项目。维氏基金会持有公司 90％的股权，这意味着维氏公司所产生的利润一直被保留在公司内部，用于支持公司的长期财务独立和业务发展。卡尔·埃尔森纳四世表示："我们家族的愿景是将公司放在首位，家族其次。通过将所有股份分配给公司，我们的目的是在继承过程中避免公司在财务上受到削弱。我们家族要对公司的发展负起责任，并承担所有责任。"他进一步强调道："我们并非公司的所有者，因为我们并没有持有股票。"

　　"这个基金会对我们家族、对我们的公司都是一个里程碑。"卡尔·埃尔森纳四世解释说，"它旨在帮助公司保持财务独立，能够可持续发展，确保公司的财务实力不被代代传承的过程削弱。我们看到过很多例子，在传承过程中，家族成员对公司业务不再感兴趣，他们要获得大笔分红，这会影响公司的财务实力和长远发展。我们十一个兄弟姐妹都是维氏基金的股东，但我们谁也不拿一分钱分红。我们也要努力工作，才能拿到自己应得的工资。"

　　同时，与一般的家族基金会或股份公司定期向家族成员分红的做法不同，维氏公司并不对任何股东进行分红。如果家族成员希望使用盈余资金，必须向维氏基金会提出申请，并经过审批程序。在讨论家族成员对基金会的看法时，卡尔·埃尔森纳四世表示："目前，这一体制在公司内部运作得非常顺利。我个人对此也感到非常安心，因为我了解公司拥有这些储备，而这些储备在维氏的风险管理中起着至关重要的作用。"

　　在家族企业的治理方面，维氏集团采用了双层结构，分别由基金委员会和管理委员会负责。基金委员会承担着一系列重要职责，包括确立核心价值观、制定长远发展战略、决定盈余资金的使用方式以及选择公司管理委员会成员等。而维氏公司管理委员会则专注于推动业务发展。这种双层制度的安排有效地平衡了战略决策与业务运营，确保了维氏集团的稳定发展。通过这种结构，维氏能够保持战略一致性，促进内部治理的透明度和高效性，从而在家族企业治理方面取得了良好的成果。

"对于我们的家庭来说，我们要保证下一代依然有维氏的激情。第五代有 24 个子孙，我很自信肯定会有一位适合做第五代舵手。如果我的儿子卡尔五世可以做公司主席，我会很自豪，但更自豪的是公司选对人，一直成功下去。"卡尔·埃尔森纳四世说。

维氏集团成功的四大关键要素

"对于维氏而言，一方面我们要传承公司的历史和传统，另一方面我们要紧跟市场的发展，这一点很重要。"维氏家族第四代继承人卡尔·埃尔森纳先生说。企业文化的传承不允许有丝毫妥协。"我回顾历史，看我们家族这 4代的发展，总是关注 4 个关键要素，即我们的员工、我们的客户、我们的产品、我们的品牌。"卡尔的父亲经常对他说，如果你用尽所有的能量和热情，使你的员工对公司和产品感到自信，那他们就会带着热情工作；如果你确定，你的顾客总是对你的产品和服务满意，而且你所有产品都保证最佳的质量和功能，那你会留住你的顾客；如果你不断强化品牌形象和其价值观，品牌就会愈发强大，而且越来越受欢迎。若能坚守这"四个要素"，那企业的成功经营就不会有太大问题。

视员工为家族成员

在维氏工厂里，每位员工都非常认真地工作，并有许多员工的工作年限超过了 25 年。埃尔森家族把每位员工看作家族的成员。公司在员工方面投入很大，帮助员工和公司一起成长，并且做好准备应对全球化所带来的挑战以及其他各方面的挑战。"我们这个世界不断地变化，人们需要去调整，去应对各种各样的挑战，最重要的是能够看到机会。"

勇气和责任是维氏的企业和品牌文化，也是埃尔森纳家族的价值观，每天他们都努力以身作则，让每位员工感同身受。这种对内传递的品牌精神延伸到了维氏瑞士军刀的每一件产品上。"我非常喜欢这句谚语——风起云涌，有人筑墙，有人建造风车①。我们需要专门有人来造风车。对我们的家族来说，工作的稳定性是非常重要的。我们在时光好的时候增加储备，在困难的时候能够去应对，并且

---

① 原文是：When the wind of change rises , some build walls and others windmills.

去平衡。"

维氏集团从未因外部经济不景气而削减人员，即使在两次世界大战和大萧条时期也是如此，"9·11"事件之后也不例外。2001年，由于"9·11"事件的影响，维氏瑞士军刀的销量一夜之间下降了超过30％。受到航空安全法规的影响，维氏军刀的生产和销售受到了限制，此时人力资源部的首要任务是如何积极创新，充分利用所有可能处于闲置状态的劳动力。他们积极与周边企业沟通，了解其是否需要临时人手，将维氏员工借调到这些企业，并且仍由维氏支付工资。

"所有的员工都能感受到我们对于他们的贡献的感激。企业家需要谦卑。我们是一家全球公司，我们也很成功，但是非常重要的是我们应该仍然保持谦卑，还有就是勇敢。每家希望获得成长和发展的公司都必须要冒一定的风险。一定要非常谨慎地管理这些风险，不要让它们影响公司的长期发展。需要尽责，每家公司都需要有企业的社会责任。对于我们而言，我们要创造就业，还必须对环境和自然资源负责。"

以真心换客户的真心

"我们知道，如果没有非常满意、快乐和忠诚的客户，任何公司都没有未来。要提高客户满意度，不仅需要优秀的销售团队和客户服务团队，而且整个组织必须考虑客户的利益。当人们参观工厂的不同部门时，他们会看到有一些人在磨刀。他们把刀放在刀具台上，心里在想：我们把刀磨得很好，客户就会很开心。公司所有的员工都必须充满热忱。我想引用夏洛特·比尔斯的一句话：与客户交往要秉承真心换真心的原则。"

维氏的产品销往全球超过 120 多个国家，有 12 个主要的市场。维氏集团通过自己的团队、子公司进行销售。全球大概有 2 100 名员工。中国是维氏的前五大市场之一，也是增长最快的市场。在中国，维氏大概有 261 名员工，122 名在香港，86 名在上海，53 名在台湾。

"品牌建设对我们来说非常重要，包括提升消费者体验和全渠道消费体验。我们不断地在电商和零售板块进行投入，包括旅行箱包、户外概念专卖店，并在一线城市开设零售店。此外，我们还开始投资威戈品牌，建设与加强电商业务基础。我们也在持续开发新产品，以满足中国市场的需求。一些特别的产品是专门针对中国市场的，例如鼠年限量版，它是瑞士品质与中国生肖的完美结合，全球限量发售 8 000 把，其中包含了吉利数字 8。"

"我个人非常喜欢这套设计，中国文化典藏版包括白虎、青龙、朱雀和玄武。维氏在中国的零售店，包含大陆的 12 家，香港的 11 家，以及台湾的 11 家。这些零售店可以帮助我们的最终消费者体验我们的产品，并且很好地感受我们的品牌。在中国，有很多瑞士军刀的收藏家，他们对我们的品牌非常热爱，会收藏这些刀具。"卡尔·埃尔森先生说。

追求卓越品质的产品

卡尔四世向我们展示了他口袋里的那把瑞士军刀。卡尔四世有 10 个兄弟姐妹，他出生在维氏大楼里，在四五岁时就收到了他的第一把瑞士军刀作为礼物。父亲卡尔三世曾对他说："虽然我们在西班牙、德国和美国等地有很多竞争对手，但我们的产品始终是最优秀的，这种优势在于'精准性'"。目前所有瑞士军刀都是瑞士制造的，最大的产量来自他们位于施威茨州伊巴赫的工厂。维氏集团销售的一些配件是在中国制造的，但维氏集团始终特别注重在瑞士制造萨克（SAK）的刀片和工具，以保持一致的质量。如今，维氏集团近一半的员工仍在伊巴赫的原厂工作，维氏集团的成功使伊巴赫村被称为"瑞士刀谷"。

刀具虽然算不上是什么高科技产品，但仿造的刀具仍然达不到效果。"我们没什么秘密，所有生产流程和标准都是公开的。如果说有秘密，那就是要把每一个简单的部分都精确地组装到一起。一个品牌的价值应该是卓越品质、出众功能、突破创新和经典设计。"在维氏集团的开发团队中，无论是研发用于生产还是家用的刀具、瑞士军刀，或者是旅行包、表，所有的创意人员要确保这些价值观的贯彻。维氏关注环境保护，在40年前就开始使用回收钢材，减少加工阶段对于能源的需求。

瑞士军刀是维氏品牌的中心。"对我们来说，我们能够得到世界各地的盛赞，感到鼓舞人心，这些客户发自内心地与我们分享他们的故事。我们还有一本小书，上面有很多关于人们如何使用瑞士军刀的真实故事。我最喜欢的一个小故事就是关于克里斯·哈德菲尔德的。"克里斯·哈德菲尔德是一个加拿大的宇航员，他在太空中生活了超过4000个小时，他写了一本书叫《宇航员生存指南》。在其中的一段，他描述了他的一次任务。克里斯在一个太空船中，他的任务就是要对接到俄罗斯的一个宇航站，俄罗斯人给了他一些工具来打开舱门，他想要用这些工具打开那个舱门，但打不开。他突然想起来自己有一把瑞士军刀，他在书里写道：我们成功了，我们真正做到了太空时代，我们使用了一把瑞士军刀进入了对接进入的太空舱。他下面的一句话就是："离开地球的时候，一定要带一把瑞士军刀。"

在坚守产品品质的同时，维氏集团仔细聆听市场的声音，以了解新趋势或新需求，为自身的创新力增添砝码。例如，他们派一些团队去高尔夫球场观察高尔夫球手需要哪些工具，然后，维氏集团的工程师致力于将这些工具的功能整合到瑞士军刀中，以满足这些特殊人群的需求；当数据无处不在，变得越来越重要时，维氏集团开始寻找将USB闪存盘集成到瑞士军刀中的方法；他们还尝试改进开瓶器功能，开发了"葡萄酒大师"瑞士军刀；当一位客户需要一把迷你螺丝刀来修理眼镜时，他们就开发迷你螺丝刀并将其集成到开瓶器中；察觉到如今流行线上购物，他们就开发出一把方便拆快递的刀……卡尔说："我们生活在一个瞬息万变的世界里，机会太多了，你必须时刻保持开放。我喜欢这句谚语，'风起云涌，有人筑墙，有人建造风车'。我们需要人来帮助我们建造风车并开发变化提供的机会。"

不断强化品牌和价值

"在过去的 20 年中，我们的品牌也越来越重要。我们投资于品牌的可见度、形象度。在这里我们可以看到一些关键数字，以刀具生产为例，每年我们要生产 3 000 万把刀，这对维氏不同产品的贡献是显著的。"维氏瑞士军刀是维氏企业的产品核心和灵魂，它占总营业份额的 35%，另外，腕表占 15%，旅行箱包占 22%，家用和专业刀具占

25％，香水占 3％。

　　"对于我们的家族而言，非常重要的一点是，我们的这些人员对于全世界的客户要抱有热情，让客户依赖我们产品的可靠性，还有他们对于我们所做的这些创新、功能性和经典设计，能够感到兴奋。瑞士军刀是我们产品品牌的核心。"目前，维氏集团在全球拥有 50 多家自有品牌专卖店，但集团并不打算每年开设 10 家门店。"我们喜欢一步一步小心翼翼地走，我们只在有足够的自筹资金储备后才投资新店，因此，B2C 和电子商务变得更加重要。"卡尔说，目前，维氏集团在全球拥有 8 个电子商务平台，给集团贡献了近 10％的销售额。卡尔坚信，这在未来肯定会继续增长。

企业核心价值观支撑下的品牌精神

　　"诚信、开放、信任、尊重、感恩、谦逊、勇气、责任"，这 16 个字既是维氏品牌的核心价值观，又是整个维氏企业的家族观，也是埃尔森纳家族的百年家训。这些价值观贯穿于维氏集团的经营理念和家族文化中，为企业的长期发展奠定了坚实的基础。首先，诚信是维氏品牌的重要特质，它代表着企业与客户、员工和合作伙伴之间的诚信交往。维氏集团以诚信为本，坚持履行承诺，始终保持高度的商业道德和诚信操守。其次，开放和信任是维氏企业家族观的重要组成部分。维氏家族鼓励开放式的沟通和合作，信任员工和团队的能力，鼓励创新和积极的反馈，从而推动企业的持续成长。尊重和感恩是维氏家族传承中的核心价值观，这体现为对每一位员工的尊重和感谢，对客户的感恩，以及对社会和环境的尊重和关注。谦逊是维氏家族一贯以来的品质，他们深知企业的成功离不开团队和合作伙伴的努力和贡献，因此始终保持谦逊的态度。勇气和责任是维氏家族价值观的另一个重要方面。他们勇于面对挑战和变革，敢于承担责任，坚持以客户需求和员工利益为导向，为企业的长远发展负责。

为了更好地传承这些宝贵的无形财富，维氏集团摒弃上市，坚持以基金形式运作的方式保证了品牌精神在代代传承过程中的延续和一致性，并给予维氏排除万难也要以客户需求和员工利益为至高追求和唯一刚性责任的定力。维氏家族坚持不上市，这一决定几近固执。埃尔森纳四世表示，市值和短期利润是压在上市公司肩上的巨大责任，"我们对企业发展的远见并不以月份或季度为计时单位。维氏独特的品牌精神代代相传，我们对未来的发展也必须致力于代代传承的长期发展。"他强调，维氏家族对于企业的视野不受短期波动所左右，而是聚焦于跨越世代的长远目标。

在过去的百余年间，瑞士维氏军刀作为瑞士的杰出代表，享誉全球，不仅象征着瑞士的精神，还体现了一种卓越的品质。卡尔·埃尔森纳四世充满深情地解释道："这把军刀所蕴含的意义超越了其作为一种物品的本质，它凝聚了百年家族企业传承的瑞士精神。"然而，成为瑞士军刀的唯一代言人并非意味着自满自足。维氏集团依然时刻保持对外部环境变化的警觉。"在过去 41 年的工作经历之中，我经历了许多改变，例如维氏从制造商转为经销商，我们从制造产品完成订单，到我们必须自己生产，也要自己销售这些订单，这是一个巨大的变化。"卡尔·埃尔森纳四世谈到，面对新时代，变革已经成为常态，公司必须保持开放的态度，仔细观察和应对这些变化。他认为，这一点对维氏集团尤为重要。

企业文化三问：为何要做？要如何做？该做什么？

企业文化是企业管理中一个永恒的话题。它是企业在长期生存和发展过程中形成的共同价值观和行为规范。企业文化对企业的战略方向、经营目标和经营手段起着至关重要的作用。在当今技术快速变迁的时代，企业软实力的核心在于文化。作为企业的软实力，企业文化不仅是核心竞争力的最直接表现，更是企业的灵魂所在，是企业生存和发展的原动力。

正如我们在开篇提到的那样："五年的企业靠产品，十年的企业靠技术，百年的企业靠文化。"中国企业目前可能不缺产品，不缺技术，但文化软实力始终是中国企业最大的"软肋"。在我们探索企业文化的旅程中，本书围绕"如何活出一句话"这一主题，提出了企业文化的三问：为何要做（Why）？要如何做（How）？该做什么（What）？这三个问题始终是我们塑造企业文化的指南针。尤其对于中国企业家来说，回答这三个问题，不仅是为了构建一个成功的企业，更是为了在全球舞台上树立独特的中国企业形象。

为何要做？——企业家精神的黄金圈思维

一般人的思维通常是从外到内，而成功企业家多半是由内而外地思考，首先明确为何要做某件事情。在上篇，我们讨论了"为何要做"，重点探讨了企业家精神的黄金圈思维。通过日本稻盛和夫、印尼黄世伟和瑞士维氏家族的案例，展示黄金圈思维在实践中的价值，助力企业家引领和塑造企业发展，实现个人和社会的价值。

希望读者（尤其是企业家）能够将黄金圈思维作为一种思维框架，帮助你们在创业和个人成长的道路上更加明确自己的核心价值观和使命。通过由内而外的思维模式，企业家可以更好地理解自己的动机和目标，制定战略方向，并将这些转化为切实可行的行动计划。期待通过对这一理论的正确运用，更多的企业家能更加有力地引领和塑造企业的发展，同时在不断成长的过程中实现个人和社会的价值。

要如何做？——企业家精神到企业文化：从"我"到"我们"的过程

从创始者到企业文化，这是一个从"我"到"我们"的转变过程。在中篇，我们着重探讨如何将企业家精神转化为企业文化。这是一个动态过程，涵盖了不同阶段的文化塑造与实际运作的实施。通过旭辉集团、京东和玫琳凯的案例，我们探讨了企业文化如何塑造强大的价值观，适应市场变化，并推动文化的形成、传播和变革。这一过程帮助企业实现"活出一句话"的目标，将其转化为可持续发展的关键要素。

培养和落实组织文化需要经历初始、形成、强化和蜕变四个阶段。在这个动态过程中，通过定义创始人和员工的角色，能够系统地推动文化在组织中的传播。在企业发展的不同阶段，创始人和高层领导者的角色各不相同。比如在早期阶段，创始人将个人理念融入组织文化基因中，奠定基调；在发展阶段，他们通过自上而下的方式规范或重塑组织文化。这意味着创始人和管理者不仅要以身作则，传递明确的信号，彰显组织对文化的重视和投入，还要通过制定和引入一系列制度，来塑造员工对文化的奖惩预期，以展示组织期望的态度和行为。通过这种方式，企业文化不仅能在短期内见效，还能成为推动企业长期发展的重要力量。

同时，正式制度和非正式制度在企业文化形成中同样重要。正式制度（如人力资源管理体系）通过招聘、培训、绩效和薪酬等环节传递组织价值观，吸引认同文化的员工，调整不匹配的员工，并激励一致行为。非正式制度（如开放式沟通和团队协作）则通过鼓励员工积极性和协作来培育文化。文化形成是员工集体态度和行为的结果，依赖于员工的认同和参与。

该做什么？——企业文化的卓越元素

当企业文化经过时间的积累和沉淀逐步成形时，其文化元素会通过多种内在和外在形式展现。企业文化的内在表现形式包括物质文化、制度文化、行为文化和精神文化。企业文化的外在表现形式是外界直观感受到企业文化的具体体现，通常体现在客户、员工、社会及其他利益相关者四个方面。这些形式构成了企业内外部的独特形象，对企业的成功、员工的忠诚度以及与外部利益相关者的关系产生了深远影响。

在下篇，我们以方太、李锦记和维氏瑞士军刀企业为例，揭示企业文化的核心要素和发展路径，以及这些要素如何构建企业的软实力。这些案例展示了企业文化从内核发展到外在表现的过程，并解析了文化形成过程中可以运用的工具和机制，从而由内而外地影响客户、员工、社会和其他相关群体。企业文化不仅仅是口号，还必须落地实施，为员工、客户和社会创造实质性价值。企业文化的卓越元素在内外部的平衡互动中，推动企业朝着可持续发展的目标前进。

结语

亲爱的读者（尤其是企业家），企业文化是企业的灵魂，是企业持续发展的动力源泉。它不仅决定了企业的行为方式和管理风格，更深刻影响着员工的凝聚力和企业的市场竞争力。在当今快速变化的商业环境中，一个强大的企业文化可以帮助企业抵御外部冲击，保持内部稳定，实现可持续发展。对于中国企业家来说，关注企业文化意味着我们不仅追求经济利益，更追求社会价值和历史使命。

在回答"为何要做？要如何做？该做什么？"这三问的过程中，我们希望为企业家提供打造企业文化的理论知识和实用工具，旨在帮助他们在企业发展中活出自己的一句话，实现长期成功和可持续发展。我们希望这本书能为中国企业家提供宝贵的经验和深刻的思考，帮助他们悟道明理，打造有梦想、有情怀的企业。

致　　谢

本书的出版要感谢中欧案例中心的支持，关浩光教授的建议，汪俪编辑的审改意见，以及赵华的大力协助。

参考文献

［1］ Greiner L E. Evolution and revolution as organizations grow [M]. London：Macmillan Education UK，1989.

［2］ 沙因. 企业文化生存与变革指南[M]. 马红宇，唐汉瑛，译. 杭州：浙江人民出版社，2017.

［3］ 萨伊. 政治经济学概论[M]. 陈福生，陈振骅，译. 北京：商务出版社，1997.

［4］ 马歇尔. 经济学原理[M]. 廉运杰，译. 北京：华夏出版社，2005.

［5］ 奈特. 风险、不确定与利润[M]. 北京：中国人民大学出版社，2005.

［6］ 熊彼特. 经济发展理论——对于利润、资本、信贷和经济周期的考察[M]. 何畏等，译. 北京：商务印书馆，1997.

［7］ 德鲁克. 创新与企业家精神[M]. 蔡文燕，译，北京：机械工业出版社，2018.

［8］ 赵磊. 企业家精神的实质：激活文脉＋打通商脉[J]. 哈佛商业评论中文版，2019(5)：116－122.

［9］ 彼得斯，奥斯汀. 追求卓越的激情[M]. 张秀琴，译. 北京：中信出版社，2010.

［10］ 柯林斯，波勒斯. 基业长青［M］. 真如，译. 北京：中信出版

社,2002.

[11] 大内. Z 理论[M]. 朱雁斌,译. 北京:机械工业出版社,2013.

[12] 迪尔,肯尼迪. 企业文化:企业生活中的礼仪与仪式[M]. 李原,孙健敏,译. 北京:中国人民大学出版社,2020.

[13] 格罗伊斯伯格,李,普莱斯,等. 领导者的企业文化指南[J]. 哈佛商业评论中文版,2018(1):52-60.

[14] Kotter J P, Heskett J L. Corporate culture and performance [M]. New York: Simon and Schuster, 2008.

[15] 哈默. 未来公司的挑战[M]. 宋强,译. 北京:机械工业出版社,2020.

[16] Sinek S. Find your why [M]. Jakarta: Gramedia Pustaka Utama, 2019.

[17] 李秀娟. 利他之心[N/OL]. 新加坡联合早报,2020-8-7. https://www. zaobao. com. sg/news/fukan/mini-columns/story20200807-1075089

[18] 稻盛和夫. 敬天爱人[M],曹岫云,译. 沈阳:万卷出版公司,2011.

[19] 柯林斯. 从优秀到卓越[M]. 俞利军,译. 北京:中信出版社,2019.

[20] 北康利. 稻盛和夫的人生哲学[M]. 曹寓刚,刘梅,译. 杭州:浙江人民出版社,2022.

[21] Brown M E, Treviño L K, Harrison D A. Ethical leadership:A social learning perspective for construct development and testing [J]. Organizational behavior and human decision processes, 2005,97(2):117-134.

[22] Gómez-Mejía L R, Haynes K T, Núñez-Nickel M, et al. Socioemotional wealth and business risks in family-controlled firms:Evidence from Spanish olive oil mills [J]. Administrative science quarterly, 2007,52(1):106-137.

[23] Lee J S K，Xu D. From mine to ours：a dynamic process model in developing ethical culture – the case of Alibaba［J］. Asia Pacific Business Review，2023，29(3)：523－545.

[24] 智研咨询. 2015 年中国化妆品行业市场现状及发展趋势分析［EB/OL］.（2015 － 10 － 14）［2015 － 11 － 29］. http：//www. chyxx. com/industry/201510/349208. html？t＝1445327944487.

[25] 陈红. 玫琳凯粉色巴士让"美丽到家"［EB/OL］(2013 － 10 － 29)［2024 － 02 － 16］. https://news. sina. com. cn/o/2013-10-29/021928555284. shtml.

[26] LIM A. 更年轻,更明智：玫琳凯中国如何迎合更年轻、更聪慧的美容消费者［EB/OL］.（2019 － 10 － 17）［2023 － 07 － 12］. https：//www. cosmeticsdesign-asia. com/Article/2019/10/17/node_2946649.

[27] 新视线. 王维芸谈玫琳凯事业,关键在于深度扎根、向阳而生［EB/OL］.（2022 － 06 － 13）［2023 － 07 － 12］. https：//news. sina. cn/sx/2022-06-13/detail-imizirau8175107. d. html.

[28] 虎嗅网. 这家公司,如何做到"丰富"女性的人生？［EB/OL］.（2019－07－29）［2023 － 07 － 12］. https：//tech. ifeng. com/c/7ohUh8jIvhi.

[29] 王向龙. 方太：开启幸福的智慧［EB/OL］.（2018 － 07 － 26）［2020 － 07 － 27］. http：//www. cqn. com. cn/xfzn/content/2018-07/26/content_6084042. htm.

[30] 王向龙. 方太：开启幸福的智慧［EB/OL］.（2018 － 07 － 26）［2020－ 07 － 27］. http：//www. cqn. com. cn/xfzn/content/2018-07/26/content_6084042. htm.

[31] Trout & Partners. 做中国人自己的高端厨电品牌,百亿级方太的成功哲学［EB/OL］.（2019－09－11）［2023－07－14］. http：//www. trout. com. cn/qyjxlft/615. jhtml.

［32］郑宏泰,周文港.家族企业治理:华人家族企业传承研究［M］.上海:东方出版社,2013:214－251.

［33］Ward J L. How to motivate the fifth generation? Balancing engagement and entitlement at Lee Kum Kee ［J］. Kellogg School of Management Cases，2016:1－21.

［34］宁向东.家族精神:李锦记传承百年的力量［M］.香港:经济日报出版社,2016.